ステファン・ボディアン 著
高橋たまみ 訳

# 今、目覚める
## 覚醒のためのガイドブック

# WAKE UP NOW

STEPHAN BODIAN

ナチュラルスピリット

WAKE UP NOW
by Stephan Bodian



Japanese translation rights arranged with
Mcgraw-Hill Global Education Holdings, LLC.
through Japan UNI Agency, Inc., Tokyo

## 【称賛の言葉】

「これは私が知る限り、一番簡潔にスピリチュアルな目覚めへと導いてくれる本の一冊です。深く、しかも実際的に、目覚めという入り組んだ道を案内してくれますが、これは、その道を自ら歩んだことがある者にしかできません。この本が、心からのスピリチュアルな探究者に与えてくれる明晰さと共感は、貴重で、歓迎すべきものです」

——アジャシャンティ
『あなたの世界の終わり』『大いなる恩寵に包まれて』
（ナチュラルスピリット刊）著者

「スピリチュアルな目覚めについて語る本はたくさん、あります。しかし『今、目覚める（*Wake up now*）』は、完全な目覚めのプロセスの地図を提供することで、新たな地平を切り開きました。この叡智に満ちた本は深淵でありながらわかりやすく、正確でありながら専門用語は使わずに、あなたを一歩ずつ導いてくれます。そして、あなたの輝けるありのままの状態、あなたの内奥の真の自己へとダイレクトに連れ戻してくれます」

――ラマ・スールヤ・ダス

"*Awaking the Buddha Within*" 著者

「非二元的な叡智を伝えるのは、高度な芸術です。正確かつ示唆に富んだ言葉を使うだけでなく、パラドックスを深く理解していなければなりません。『今、目覚める』で、ステファン・ボディアンは、この困難な課題をこなす以上のことを、なしとげました。この瞬間の中にたしかに存在するけれど、言葉では言い表せない可能性への入り口を、幸運な読者に示したのです。

――スティーブン・コープ

*The Kripalu Institute for Extraordinary Living* 元理事

"*Yoga and the Quest for the True Self*" 著者

「いいから、とにかくステファン・ボディアンの『今、目覚める』を読みなさい。そうしたら、すぐにわかるから！」

——デイビッド・チャドウィック
"Crooked Cucumber: The life and Zen Teaching of Shunryu Suzuki" 著者

「悟りとは、達成すべき状態ではなく、私たちの中にもともとある基本的な状態で、ただそれに気づきさえすればいいのだということを、ステファン・ボディアンは巧みに示しました。完全な真実と目覚めた生活に直接、導いてくれるものを、心から欲しているすべての人にとって、必読の書です」

——リチャード・ミラー博士
International Association of Yoga Therapy 共同創設者
"Yoga Nidra: The Meditative Heart of Yoga" 著者

「ステファンは優しくあなたの手を取り、スピリチュアルな迷路を抜けて、あなたの内側の目覚めた本質、意識そのものへと連れ戻してくれます。『今、目覚める』は非常にわかりやすく、輝く宝石のような本です」

――レナード・ラスコー医師
*"Healing with Love"* 著者

「『今、目覚める』はタイムリーな本です。知性から抜け出て、本来の状態に戻るよう読者を促すだけでなく、目覚めを毎日の生活の中で完全に体現する可能性も描いてみせたのです。ステファン・ボディアンは、今、増えつつある『translucent（透き通った、明快な）』な作家および教師たちのひとりで、人間であることの可能性について、新たなヴィジョンを示してくれます」

――アルジュナ・アーダー
*"The Translucent Revolution"* 著者

すべてのものの静かなる源であり、本質である意識へ
そして、親愛なる読者のあなたへ
この本が、あなたの目覚めの旅を明らかにしますように

目次

# 謝辞

言うまでもないことですが、この種の本は、無数の洞察や経験の結晶です。それらの多くは、他者からの思いやりある協力や共感によってもたらされ、触発されたものです。言葉があふれ出て、ページを埋めていくにつれ、ここで本を書いている人間は、より普遍的な真実の流れの道具に過ぎないということが明らかになっていきました。

まずは、長年にわたって愛と叡智を分かち合ってくれた多くの友人や同僚たちに、心からの感謝を述べます。生徒やクライアントは、質問することで、私から明晰さを引き出してくれました。友人でありダルマの兄弟であるジョン・プレンダーガストは、原稿を注意深く読み、非常に有益な提案や意見を聞かせてくれました。

この本の出版を実現してくれた人たちにも感謝します。エージェントのビル・グラッドストーンは、私の企画に賛同し、すばらしい落ち着き先を見つけてくれました。マクグローヒルの編集者ダグ・コーコランとサラ・ペルツは熱意を持って、すべてのプロセスをサポートしてくれました。

最後に、私の先生たちに感謝の気持ちをこめて深く一礼したいと思います。師の献身と共感なしに、この本が書かれることはありませんでした。鈴木俊隆老師、知野（乙川）弘文老師、前角大山（訳注：博雄）老師、ツォックニ・リンポチェ、そして、特にジャン・クラインとアジャシャンティ。彼らの寛大さと、真実への献身に対する私の感謝は、とどまるところを知りません。

# はじめに

多くのスピリチュアルなガイドブックの著者たちと同じように、私も自分自身のスピリチュアルな旅の途上で経験した困難や迷いがもととなり、この本を書きました。私は長年にわたって、すでに確立された伝統的な教えをいくつも学んで実践し、多くの導きを得てきました。しかし、さまざまな気づきやひらめき、障害や挑戦を自力で通り抜け、地図のない土地をひとりぼっちでさまよっているように感じたものです。

私は禅僧として十年以上修行しましたが、真の自己、もしくは「仏性」に目覚めることは、スピリチュアルな道における、とらえどころのないゴールでした。そこで、禅僧たちは何時間にもわたって壁に向かって座り、呼吸を見つめたり、禅の経典にある何百もの公案（なぞなぞのような問題）にとり組んだりします。しかし、この目覚めというもの、もしくは「見性」が何なのか、詳しく説明されることは、めったにありません。実際、修行者たちが、人から聞いたことをもとに偽の目覚めをでっちあげないよう、目覚めについて説明することは、注意深く避けられているのです。修行者は、過去の偉大なマスターたちが悟りを開いたときの逸話を読むよう勧められます。しかし、目覚めはたいていの場合、小石が竹に当たる音とか、師に警策（訳注：棒状の板）で叩かれたとか、思いがけない出来事がきっかけとなり、瞬間的に、完全なものとしてもたらされるように見えます。新参者が時期尚早にその謎を解読しようとするのを防ぐため、目覚めの実体は、あえてわかりにくく詩的な言葉で表現されているのです。私も自分の進歩や気づきを確かめるため何度も老師と面談（訳注：独参）しましたが、結局、悟りへの道の途中でつまずいたままになっていました。

十年修行を続けた後、私は寺を出て、袈裟を脱ぐことにしました。あれだけ熱心に求めていた目覚めに、少しも近づいていないことに気づいたからです。より長く、そして「より一心に座禅せよ」という師匠たちのアドバイスも今となってはピンと来なかったし、実際にやってみて、成果がないことも証明済みでした。たしかに、日常生活の喧噪の下に潜む深い静けさを、何度か垣間見たことはあります。バイクに乗っているときや、渓流のかたわらに座っているとき、「永遠の今」の輝きの中で、時間が止まってしまったかのように感じました。このような経験の後、長年の不安がとりのぞかれ、何週間も戻ってこなかったことも一度あります。しかし、山頂にたどりついたわけではないことは、わかっていました。公案の答えを持っていったとき、禅の師匠も私の判断を裏づけました。ときどき沈思しつつ、老眼鏡越しに私をじっと見つめ、師匠はある種の愛情をこめて言いました。「まだはっきりしていない」。

それから二、三年ほど、ヴィパッサナーやチベット仏教の金剛乗など、他の仏教の流派にも手を出した後、偶然、アドヴァイタ・ヴェーダンタ（非二元）というインドの伝統的な教えのマスターに出会いました。私が今まで親しんできた他の教えとは違って、この師は、悟りを得るため瞑想することを勧めませんでした。真の自分というのは常に、そしてすでに目覚めており、それは誰もが生まれ持った自然な状態なのだから、時を超越して、「この瞬間、そのことに気づけば、努力奮闘する必要などないのだということを教えてくれたのです。何年もの間、そんな奮闘を続けてきた私にとって、師の言葉は大いなる救いとなりました。それに、実際、この言葉は私にとってなじみのあるものでもありました。というのは、仏教において非常に尊敬されている初期の禅の師たちの教え（それが実践されることはあまりありませんでしたが）と相通ずるものだったからです。

この師に導かれ、私は自分が何者かという生きた真実に目覚め、深く明白な気づきを得ました。しかし、それは私が期待していたような、完璧で後戻りすることのない目覚めではありませんでした。広々とした平和な感覚と、パニックを起こしそうになるほど強烈な恐怖の間を、何日間も、行ったり来たりしたのです。ぱっとしないけれど、今までなじんできた人生の底が抜けたように感じましたが、どこにも着地することができませんでした。この底なしの感覚は、すばらしくもあり、恐ろしくもありました。

時が経つにつれて、この目覚めの体験は意識の背景に退いていきました。しかし、それがよみがえってくるたび、私は新たな不安に襲われました。自分が、人生を変えてしまうような深い本物の気づきを得て、すべての現象の下に隠されたリアリティを知ったのだということはわかっていました。それなのに、なぜこんなにも恐怖を感じているのか、わかりませんでした。何かまちがったことをしてしまったのか？　気づきを得たと思ったのがまちがいだったのか？　この目覚めの体験は見当違いで、不完全なものなのか？　この師と共に過ごした数年の間、このような疑問が頭を離れず、私の探求は終わりを迎えるどころか、さらなる疑念が湧き上がり、自分のスピリチュアルな成熟度や、心の健全さまで疑うようになりました。本を読んだり、教えを受けたりして、真の目覚めというものは完全で、後戻りすることのないものだと私は信じていました。それなのに、なぜ私は何度も真の自分を忘れ、「小さな自分」に戻ってしまったのでしょう？

残念なことに、私はこうしたことを師にたずねる気になれませんでした。師は、このような心理的な問題にあまり関心がないようでしたし、私自身も自分自身の気づきが実際よりも深いものだと見せたかったのでしょう。それに、師と共にいると、このような疑問は消えていき、恐れもなくなり、心が静まりました。師が体現する深い静寂と沈黙が伝わってきて、私はただ、それと共に在ることができたのです。

そうこうしているうちに、私と似たような道を歩んできた女性と出会い、疑問の解消を手助けしてくれました。彼女も突然劇的に、分離した自己の幻想に目覚め、その後の数年間、絶え間なく恐怖を感じ続けたのですが、さらに深い気づきを得て、すべての恐れが消え去ったのです。彼女には心理学者としての知識があったので、ふたつの世界を橋渡しすることができたし、個人的な体験から来る確信と威厳もこめて、「この恐れは目覚めが偽物だから起こるのではなく、本来の自己という広大な空間の中で起きる多くの現象のひとつに過ぎない」と言ってくれました。これがきっかけとなり、私のものの見方が微妙に変化し、今までとは違う目で自分の恐れをとらえることができたので、恐れは徐々にその力を失っていきました。数年後、私を十年間導いてくれたアドヴァイタの師が亡くなり、それからまもなく私は新たな師に出会いました。その師は、私が目覚めたことを認め、それをさらに明確化し、深めるのを手伝ってくれました。そして、ついに私にも人に教える時がきたことを告げてくれました。

## 目覚めへの直接的なアプローチ

スピリチュアルな教師、および心理セラピストとして過ごしてきた年月の中で、曲がりくねった精神の旅路を歩んできたのは、私だけではないことに気づきました。多くの人がスピリチュアルな目覚めに心をひかれますが、わかりやすい言葉で、直接的に実感を伴って語りかけてくる教えや師を探し出すのは難しいことです。ある人は目覚めに興味を持ち、宗教的な専門用語や教義は抜きにして、目覚めを体験するための明確なガイダンスを求めます。しかし、ある日突然、予期せぬ形でリアリティに目覚めてしまったので、それをうまく説明する概念的な枠組みを持っていない人もいるし、伝統的な経典の記述にそぐわない経験をする人もいます。スピリチュアルな目覚めに大変関連が深い仏教やヒンズー教に接する機会や興味がないので、目覚めの体験を説明してくれる教えに出会うことができない場合もあるでしょう。そういう伝統的な教えを実践していても、師に同等の経験がないため、導きを得られないこともあります。

私の生徒の中で、超越瞑想を長年実践してきた人がいます。彼女は、目覚めとは超越瞑想の創始者が言うように、「宇宙意識」という形で訪れるものだと信じていました。その代わり、彼女は深い無我の経験をしたのですが、適切に指導してくれる先生がいなかったため、思いがけない宇宙的イベントを経験したというより、悪夢か精神異常的な経験をしたように感じたのでした。別の生徒は、チベット仏教の師に、悟りを得るには何度も生まれ変わらねばならないと教えられたのですが、自分がある日、森の中を歩いているときに体験した強烈なアイデンティティの変化は一体何だったのかと、私のところに助けを求めてきました。

何の準備もしていないし、スピリチュアルなことへの関心すらなかったのに、目覚めてしまう人もいます。そういう人たちは、伝統的な経典に書かれた指針に触れる機会がないし、あったとしても、それを正しく解釈するだけの語彙や哲学的な素養を持ち合わせていないでしょう。また、長年スピリチュアルな探求を続けてきたので、自分の目覚めは本物だと判断できる人たちも、長いことかかって追い求め続けてきた「目覚め」の体験が揺らいで消え入りそうになって驚き、混乱することがあります。そして、その後の人生が、予期していたような安らぎと喜びに満ちたものではなく、より困難で心乱すものになったと感じたりします。

スピリチュアルな目覚めへの旅路は長く曲がりくねったものになりがちですが、わかりやすい言葉で書かれた直接的なガイドラインを求めている人たちのために、私はこの本を書きました。目覚めを熱望している人、すでに目覚めの第一段階を体験している人、この本はそんな人たちに向けて書かれたものです。目覚めというのは特定の教えや伝統に属するものではないことに、私は気づきましたが、いずれにしても、ひとたび目覚めれば、伝統的な枠組みからも目覚めて、抜け出すことになります。結局のところ、心の奥底にずっとあった本当の自分に目覚めるだけなのだとしたら、いったいどうして、ある特定の教えやアプローチだけがそれを一人占めすることができるのでしょうか？　このかけがえのないスピリチュアルな本性は、ずっとあなたのものだったのです。放蕩息子のたとえ話の解釈のひとつにあるように、あなたはただ、自分のポケットの中にずっと入っていたダイヤモンドを見つけただけなのです。

現に、瞑想やその他の定まったテクニックを実践していようがいまいが、ますます多くの人が、生まれ持ったスピリチュアルな本性に気づいているようです。それはおそらくテクノロジーが発達し、携帯電話やEメール、ホームページやブログを通じて、地球規模で経験を分かち合えるようになったからでしょう。しかし、目覚めは今、宗教の装いを脱ぎ捨て、本来の姿を明らかにしたように思われます。それは、誰でも今すぐここで体験できる普遍的な経験なのです。今までどんなふうに信じこまされてきたとしても、悟りを得ることはあなたの生まれ持った権利であり、自然な状態なのです。あなたはただ、それをとり戻し、体現していくことを学べばいいのです。

この本では、仏教やヒンズー教など伝統的宗教の複雑な儀式や修行法、教えは抜きにして、直接的に目覚めにアプローチする方法を紹介します。特定の信仰に忠誠を誓ったり、すでに確立された修行法に固執するのではなく、本当のあなたの姿を直接、繰り返し指し示すことで、あなたがこうした言葉の源と共鳴するよう導き、あなたの内部で自然に目覚めが起きるように促します。そして、あなたにとって、より心地よい信念体系を新たに作り上げる手伝いをするのではなく、すでに持っている知識や先入観念を検討し直し、その奥にある生きた真実にたどりつけるよう手助けします。実際、これはとても根本的なアプローチです。というのも、木の枝葉ではなく根幹、すなわち、すべてのスピリチュアリティの源泉に直接、あなたを連れていき、そこにとどまるよう勧めるからです。

また、このアプローチは「プチ目覚め」とでもいうべき気軽で楽しい経験では絶対にありませんし、あなたのスピリチュアルな履歴書に書きこめるようなものでもありません。むしろ、これは強力で破壊的な教えです。ひとたび受け入れられると、あなたの人生を思いもかけない形で――もしかしたら不愉快な形で変容させる力を持っています。それはスピリチュアルなコンピューターウイルスのようなもので、あなたのハードディスクに詰まった観念を一掃し、真実の持つ明晰さと叡智で満たしてくれます。自然にたとえるほうがお好みならば、それは種のようなものです。ひとたび地面に播かれれば、あなたの庭にはびこる古い雑草を駆逐して、輝かしい花を咲かせる可能性を秘めた種です。どんなイメージがしっくりくるにせよ、覚悟を決めて、この本を読んでください。元の古いものの見方に戻ることは、できないかもしれませんから。

## 目覚めとは何か?

広い意味で、目覚めという言葉は、イメージ豊かな比喩に過ぎません。スピリチュアルな本では、さまざまな体験を記すのに、この言葉がずっと使われてきました。以前には気づいてもいなかったような、存在の新しい次元にあなたを開いてくれる体験ならすべて、目覚めと呼んでいいでしょう。性的に目覚めることもあるでしょうし、身体のエネルギーフィールドに目覚めることもあるし、元型としての神話の神々に目覚めることもあるでしょう。

しかし、私がこの本で「目覚め」と呼んでいるのは、もっと深遠で本質的で、人生を変えてしまうようなものです。それは、あなたが自分自身だと思っている人格や個性にはもともと実体などなく、空虚なものだということを根本的に認識することです。そして、苦悩する分離した自己から、永遠の目撃者、つまりすべての経験が湧き上がってくる無限の空間へとアイデンティティが根本的にシフトする体験なのです。言葉を変えれば、苦悩と分離の悪夢から、光と喜びに輝く真のあなたの姿に目覚めるようなものです。この目覚めというもの（しばしば悟りとも呼ばれますが）は、単なるスピリチュアルな経験のひとつではなく、仏教、ヒンズー教、道教など、東洋のスピリチュアルな伝統の核心をなす本質的な体験です。それは、ユダヤ教やキリスト教、イスラム教の底流にも流れていますが、そんな神秘的な体験をしたと公言すれば、破門や追放されたり、火あぶりにされたりしました。

ひとたび目覚めれば、今まで自分自身だと思ってきた「分離した個人」というものは、単に心が作り上げた構成物に過ぎないということがわかります。それは一貫した性質を備えており、実体と持続性があるように見えますが、あなたの心が、思考や感情、記憶、信念、物語(訳注:思いこみなど)を集めて作り上げた構成物に過ぎません。この分離した自己は本当の自分ではないということに気がつけば、あなたの名を名乗る誰かが今までずっと溜めこんできた重荷や心配事、後悔、思いこみ、先入観念から目覚めによって解放されます。しかし、この構成物はとても強固なので、そう簡単にコントロールを手放すまいと、長引く抵抗を繰り広げます。

ほとんどの人と同じように、あなたもやはり愛や成功、出世、そして、より多くの幸福や充足感を手に入れるため、分離して見える自己を強化、発達させることに身を捧げてきたのではないでしょうか。それを諦めるのは、容易なことではありません。それに家族や友人、先生や同僚たちも、分離した個人という幻想を信じこんでいるので、あなたが古い自己像を維持するよう、ずっと仕向けてきました。その結果、あなたは自分が、夢の中の限界だらけの登場人物のようなものだと信じこんで人生を送ることとなり、違う自分を体験できる可能性にも気づかないでしょう。しかし、あなたは夢から目覚め、自分こそ、その夢を見ていた観察者であり、夢を作り出していた源なのだと気づくこともできるのです。

そして、あなたはある日思いがけなく、いつもの現実のヴェールの向こうに、今まで思いも及ばなかった神秘的な光景が広がっていることに気づきます。いつもの道をドライブしているとき、時が止まったかのように感じられ、商店や人の姿がいつもの形を失い、スクリーンに投影された影のように見えるかもしれません。もしくは、自然の中を散歩しているとき、花や木から深いエネルギーが輝き出ているのに気づくかもしれません。また、ベッドで横になっているとき、自分の体の境界線が溶けて広がり出し、宇宙全体とひとつになったように感じるかもしれません。このような体験は、それ自体は目覚めとは言えませんが、今までとはまったく違う見方で人生を眺め、日常生活という名の夢の背後に潜む深い真実を探求するよう、あなたを促します。

あるいは、悟りを得た偉大なマスターや賢者の言葉を読んで、目覚めの可能性に気づくこともあるでしょう。マスターたちは、夢を超えたリアリティを直接指し示し、そこにある平和や喜びを共に感じるよう、愛情深くあなたを誘います。「あなたは自分が思っているような自分ではない」マスターは繰り返し呼びかけます。「あなたは制限だらけの肉体ではないし、執着や心配ばかりしている心でもない。あなたは無限の空間であり、何の条件にも縛られない存在であり、生命の核心をなすエッセンスでありスピリットなのです。ただ目覚めて、そのことに気づけばいいのです！」。この真実を見つけたいという気持ちに火をつけるのに、わざわざインドまで出かけたり、何冊もの本を読む必要はありません。たった一行の言葉や教えがあなたの心をしっかりととらえ、徐々にあなたの限られたものの見方を変えてしまうこともあるのです。

あなたは完全な目覚めを体験し、本来の自分は体や心、人格などではなく、永遠なる目撃者、無限の空間こそが真のアイデンティティなのだと気づくかもしれません。そうしたら、次は何が起こるのでしょう？　その経験がかすんでいき、強烈な感情や古いパターンが戻ってきたらどうしますか？　その経験から何を学びとればいいのでしょう。そして、気づきを深めていくために何をしていったらいいのでしょう？

突如、出くわしたにせよ、じっくり誘いこまれたにせよ、あなたは今までずっと隠されていた目覚めへの道を見つけたのです。それは無数の先人たちが歩んできた道であり、これからもいたるところで、同胞たちが歩んでいく道なのです。しかし、これは道なき道とも言えます。道筋は探求者によって異なり、旅が進んでいくにつれ、変化し続けます。さらに重要なのは、本当のところ、これは道ではないということです。目的地もないし、何かを発見できるわけでもありません。あなたが知るべきすべてのことは、今、この場所にあるのですから。実際、あなたという存在は、まさに「今、ここ」なのです。この言葉を本当に理解するまで、あなたは旅を続けますが、曲がりくねった道をさまよい、結局はもと来た場所に戻ってくるのです。これは目覚めの旅であり、分離の幻想から解放され、本当の自分に気づくための旅でもあります。そして、目覚めた後は、その状態にとどまり、目覚めがあなたを導き、変容させていくにまかせることとなります。この本は、故郷に帰るためのガイドブックであり、道なき道を行くためのロードマップでもあるのです。

## 何に目覚めるのか？

分離した自己の幻想を見破ると、この命を本当に生きているのは何者なのか発見できます。あなたの目を通して物を見たり、考えたり、腕や足を動かしているのは、あなたの人格ではありません。人格は命のない構成物に過ぎず、本当に生きているのは、存在そのものです。存在とは、手で触れたり、知的に理解できるものではありませんが、ダイレクトに感じとり、味わうことができるものです。つまり、自分が何者か、はっきりと知ることはできても、どうしてそれを知っているのかきちんと説明することはできないかもしれません。

存在というものを表すのに、多くの言葉が使われてきました。スピリット、魂、本当の自分、仏性、内なる神。これらは皆、空っぽの空間に貼られたラベルのようなものです。純粋な存在というものは、何の特質も持っていないので、特定のラベルを貼ることはできません。それは、常にそこにいて、すべての特質を観察する目撃者であり、すべての経験が起こっては消えていく不変の空間であり、すべての出来事を起こす不動の原動力であり、すべてのものの無限の源なのです。

見たり、聞いたり、嗅いだり、味わったり、触れたり、感じたり、考えたりできるものはすべて、ある種の性質や特質を備えています。それらは経験できるもの、つまり、あなたによって観察される観察物です。だから、あなたは観察する人、経験する人であり、観察物ではありません。となると、この「あなた」とか「私」というのは、いったい何なのでしょうか？　セルフイメージや人格など、あなたが自分だと思っている「私」というものは、ただの特質の集合体に過ぎず、それを経験する者ではありません。スピリチュアルな目覚めとは、自分が経験する者、目撃者、純粋な存在そのもの、常にすべてに気づいている者であることに気づくことなのです。

言葉は存在の広大さを言いあらわすことも、謎を解き明かすこともできません。しかし、指と月には何の接点もないけれど、指で月を指し示すことはできるように、言葉を便利な指標として使うことはできます。「非人格的な目撃者」「絶対的な主体」「時間を超えた存在」というような、この本に出てくるフレーズは、あなたのスピリチュアルな百科事典につけ加えるためにあるのではありません。これらの言葉は、思考を飛び越え、あなたの心の内側を指し示します。あなたの中のその場所は、私が話すことをすでに知っており、こうした言葉が持つ真の意味を理解し、共鳴します。この本を閉じるとき、あなたの知識が以前より減り、思考を超えた真の理解に近づいていれば、これらの言葉はきちんと役目を果たしたと言えるでしょう。

## 目覚めの段階

自分が純粋な存在や、非人格的な目撃者であることに気づくのは、強力な体験ですが、それはスピリチュアルな旅の始まりに過ぎません。たいていの場合、その旅路は長い時間をかけて解き明かされていくこととなります。意識の地震のように、目覚めはあなたの心の地層を動かし、人生の隅々まで衝撃波を送り、あなたの存在の核心に深い変容をもたらします。自分の本質がより明らかになっていくにつれて、目覚めも深みと広がりを増していくでしょう。そして、明晰さが増すと共に、自然と、この気づきと調和した生き方をするようになります。やがて、あなたはこの真実にもとづいて物事を考え、進めていくようになり、これまであなたの活動を支配してきた古い信念や物語も、この真実にとって代わられます。

霧の中を歩いているといつのまにか濡れてしまうように、この変容のプロセスは、気づかないくらいゆっくりと起こることもあります。しかし、津波のように人生に襲いかかってきて、すべてのものがかき乱されてしまう場合もあります。のんびり旅路を歩いているにせよ、世界がひっくり返ってしまったように感じているにせよ、道なき道の行程を示し、「正しい道を歩んでいるから大丈夫」と言って元気づけてくれるガイドがいれば、心強いことでしょう。

長年にわたる私自身の経験、および生徒たちやクライアントの経験にもとづき、私は目覚めのプロセスを、ゆるやかに重なり合う五つの段階に分けました。探求、目覚め、目覚めの深まりと明確化、目覚めの体現、目覚めた人生を送る、の五つです。この本では、これらの段階をじっくり調べていきますが、これは禅やチベット仏教に伝わる分類とも重なります。しかし、この段階は厳密にこの順番通りに進むわけではなく、多くの人は、旅の途中で行ったり来たりします。実際、スピリチュアルな旅の道筋というものは人それぞれであり、すべての人にとって正確な地図というのはないのです。究極的には、あなた自身が道なのです――道はあなたと共に始まり、あなたと共に終わります。地図はただ、心を鎮め、リラックスしてプロセスが自然に起こるのを助けるためのものですから、あまり深刻に受け取らないでください。さらに言えば、この本に書いてあることすべて、深刻に受け取ってはいけません。励みになることや、道を示してくれるようなことが書いてあったら、軽く心にとめておけばいいのです。自分を疑いそうになったり、怖くなってしまったときは、いったん忘れてしまいましょう――そして、また気が向いたときに、読み直してみればいいのです。

後でじっくり説明しますが、ここでいったん、五つの段階についてざっと簡単に説明しておきます。

・**探求（第1章から5章まで）** 苦しみの末に、あるいは熱意や単なる好奇心から、あなたは目覚めの可能性に気づき、さまざまな方法でそれを垣間見ようと、探求し始めます。この段階では、静かに座って自分の心に問いかけ、長年にわたって溜めこんできたスピリチュアルな信念を注意深く検証していくことになるでしょう。その中には、もともと目覚めている意識を曇らせるような信念もあるかもしれません。また、最初の目覚めが起こった後も、その体験が不完全ではっきりしないように感じられて、探求し続けることがあります。

・**目覚め（第6章）** 思考を超えた、ダイレクトで本物の目覚めが起きると、探求は終わりを迎えます。今までずっと探し求めてきたものを手に入れ、自分が何者かを知り、本来の顔（訳注：禅用語で言う「本来の面目」）を認識し、本当の自分という無限の価値の宝石を見つけたのです。

**・目覚めの深まりと明確化（第7章）** ほとんどの場合、目覚めはさらに展開し続け、より明確なものになっていきます。それは、遠く離れたところに知人の顔を見つけたとき、近づくにつれて、徐々に顔の細かいところまではっきりと見えてくるようなものです。たとえば、自分が意識の光、純粋な意識、非人格的な目撃者であるという気づきは、徐々に深まっていき、目撃者と目撃されるもの、観察者と観察されるもの、主体と客体、あなたとあなたに経験されるものは別々のものではないということもわかってきます。実は、このふたつの要素はどちらも、すべてのものを生かし包みこんでいる神秘の現れであり、より深い現実から生じたものなのです。

**・目覚めの体現（第8章および9章）** 自分の本質をはっきり知っていても、この気づきを、あなたの知性とハートを経由して下位のエネルギーセンターにまで沁み渡らせる必要があります。目覚めた後、あなたはひとりで心静かに椅子に座りながら、すべてのものとの一体感を感じ、時を超えた存在の至福を感じることができるでしょう。しかし、職場にいるときや、恋人、家族や友人などといるときに、真の自分を体現することはできないかもしれません。言うは易し、行うは難し、です。あなたの気づきを体現していけばいくほど、あなたがするすべてのことが輝ける真実の現れとなっていくのです。

**・目覚めた人生を送る（第10章）**　ひとたび目覚めが深まって明確なものとなり、人生のすべての瞬間を満たすようになったとき、あなたはごく自然に真実と調和した行動をとるようになります。自己とは本来、何の中身もないもので、自己と他者とは本質的に区別できないものだということがわかると、ちっぽけな私欲のために何かする気が失せてきます。その代わり、人生の流れに身をまかせ、万物の営みと調和したタオの生き方をするようになります。

## この本の読み方

前述の説明が、今はピンと来なくても、心配しないでください――たった数ページの文章の中に、一生をかけて理解していくようなことが押しこまれているのですから。これから、この基本的な原則をもっと詳しく探求し、説明していきます。実際、私は、同じことを何度も何度も言うでしょう。そうすれば、あなたの思考を迂回して、内なる知性、すでに自分が誰か知っている深い次元を徐々に目覚めさせることができます。

この本の教えがあなたに目覚めをもたらすよう、新たな読み方や聞き方を試してみるといいでしょう。つまり、頭ではなく、あなたの全存在で読み、耳を傾けるのです。モーツァルトのソナタだろうがマドンナの曲だろうが、美しい音楽に耳を傾けるとき、あなたは耳を開き、音楽が心の底からあなたを揺さぶるのに身をまかせます。この本も、そんなふうに読んでください。理解しようとしなくていいのです。今までに読んだ他の本と比べたり、先入観で判断したりしないでください。全身をリラックスさせ、理屈は脇に置いて、言葉があなたに働きかけるのに身をまかせましょう。言葉の源から運ばれてくるエネルギーや音楽を、あなたの中で共鳴させましょう。

目覚めは、努力や意志の力で起こせるものでなく、真実に対して「disponible」であることによって起きるものです。これは私の師のジャン・クラインの言葉ですが、disponible とはフランス語で「開かれている」「受容的」というような意味です。何かしようとしなければしないほど、いいのです。つまり、私が言っていることを、思考レベルで理解する必要はありません。そのうち、日々の生活の中で思いもかけないときに教えが自然に脳裏によみがえってきて、難題に光を投げかけたり、新たな真実を照らし出したりしてくれます。目覚めというのは、いったん始まれば、あなたが何も努力しなくても独自のペースで進んでいくものなのです。そして、真実がごく自然に、あなたを通して目覚めようとします。何度も教えを聞いているうちに、あなたの中でひとりでに真実が成長していくので、あなたはそれがずっと自分に備わっていたものだと気づきます。それは、あなたという存在の本質をなす真実で、ただ見えない場所に隠れていただけなのです。

あなたが真実に対して受容力があり、開かれた状態であるよう、各章に誘導瞑想を載せてあります。ときどき出てくる「呼吸と内省のエクササイズ」は、ちょっと一休みして分析的な心をリラックスさせ、今読んだ真実について思いを巡らせるためのものです。各章の最後にある「ウェイク・アップ・コール」は長めの瞑想で、思考を介さずに、言葉の奥の深い真実を垣間見ることができるようデザインされたものです。これらのエクササイズを日課としてこなしたり、あなたの長い「やるべきことリスト」につけ加えないでください。それよりも、未踏の地に繰り出していくように、もしくは画期的な発見を求めて研究室で実験をするように、気の向くままにやればいいのです。初心者のような気持ちで指示に従い、エクササイズがどんな影響をもたらすか、観察しましょう。

突きつめれば、私がこの本で述べることの中に、絶対的な真実はありません。私の言葉は方便に過ぎず、あなたの注意を教えの源に向けさせるための指示棒でしかありません。真実とは本質的に非二元的で、すべてのものを例外なく含んでいるので、私が言うすべてのことは真実でもあり、嘘でもあるのです――もしくは、すべてが真実ではないし、嘘でもないのです。たとえば、私が「あなたという存在の真実は深い静けさです」と言うとき、私はあなたの中の静けさを目覚めさせることができるかもしれませんが、真実の中には騒音も含まれているという事実を無視しています。真実は「静寂」でもありますが、いきいきとした生命の勢いやあわただしさもまた、真実のダイナミックな流れの現れなのです。また、喜びという言葉を使うとき、私は人生の悲しみを見落としています。そして、真実は「貴重な宝石だ」と言うとき、私は道端で「存在の輝き」を発しているごみの山を無視しています。そんなわけで、この本の教えはパラドックスに満ちています――実際、パラドックスこそが、敬意を持って真実に近づくことができる唯一の方法なのです。繰り返しますが、これらのパラドックスを頭で理解しようとしないでください。思考を飛び越え、パラドックスがあなたの存在全体に働きかけるのにまかせましょう。アメリカの賢者で詩人のウォルト・ホイットマンはこう言っています。「私は矛盾してるって？　大いに結構。私の言うことは矛盾している。なぜって私は器が大きいから、たくさんのものが入っているんだ」。

# 第1章

# 門なき門をくぐる

本当に、今、何か欠けているものがあるだろうか？
ニルヴァーナは、すぐそこ、目の前にある。
ここが楽園で、
この体が仏の体なのだ。
（訳注：この時何をか求むべき
寂滅現前するゆえに
当所即ち蓮華国
この身即ち仏なり）

――白隠禅師「坐禅和讃」

十六歳になる数か月前、母が突然、交通事故で亡くなりました。この痛ましい喪失を受け入れようと苦闘しているうちに、それと同じくらい大切な何かも失ってしまったことに気がつきました——子供の頃から私を導き、慈しんでくれた愛情深く全能な神への信頼です。今まで慣れ親しんできた私の全世界が数週間のうちに崩壊し、意味を失ってしまったのです。私は何の助けもなく、悲嘆と喪失にうちひしがれ、自分の気持ちを処理することもできませんでした。そこで、この痛みを何とかするため、哲学の世界に目を向けました。

私はアメリカの超越主義者の著作に触れ、すべてのものを生かしつつ、それらを超越している神秘的で非人格的な神がいるのではないかと、考えるようになりました。エマーソンやソローから、カントやショーペンハウアーのようなドイツの観念論者の著作まで読み進め、私は今までの型にはまった現実認識を揺さぶられ、物事を考える際の基本的な原則を知りました。これらの哲学者たちが東洋の叡智に影響されていたことを知り、私はほどなく仏教と禅を学び始めました。

当時、仏教に関する本は乏しく、難解なものがほとんどでした。しかし、禅に関する本を少しばかり読んで、地震が起きても、侍《さむらい》に首を切ると脅されても、微動だにせず座っているマスターのイメージが浮かんできました。つらい子供時代と、最近、失った母の愛への渇望に悩まされていた私は、苦しみを乗り越え、禅のマスターたちが達成したという静けさや平安に目覚めたいと、切望していました。数年間、本を読み、大学で東洋哲学を学んで、意識変性ドラッグを試したりした後、私はついに電話帳を開き、マンハッタンのミッドタウンにある小さな禅センターを見つけ、毎週、瞑想と講和の夕べに出かけていくようになりました。

## 故郷に帰る

ある、とても暖かな夏の夜、日本のお香の強烈な香りが禅堂を満たす中、老師の長年の生徒のひとりで、私の母と同じくらいの年の女性が講話をしました。その話が、私の心の奥深いところに火をつけ、道なき道を歩むことになったのです。「坐禅は、」彼女は柔らかな声で言いました。「長らく離れていた故郷に、あなたを連れて行ってくれます」当時、私は大学生で、帰るべき故郷がなく、心の中の故郷も、確たる中心もなかったので、この言葉に深く感銘を受けました。私は、自分の本当の故郷、決して失われることのない故郷を見つけたいと切望しました。

もう三十年以上前のことですが、この瞬間、私は初めて、スピリチュアルな旅の核心をなすパラドックスに向き合ったのでした。私が読んだ本や、受けた教えによると、私がこんなにも熱烈に探し求めている故郷は、今、すぐここ、私の中にあるというのです。結局のところ、故郷とは、どこかのエキゾチックで見慣れぬエデンの園などではなく、私がもともと属している場所なのです。そこにいることは、私の生まれながらの権利であり、自然な状態であり、私の内側からすでに輝き出ている目覚めた本性なのです。坐禅によって、そこにたどり着けると、私は言われました。でも、たどり着くべき場所など、どこにもないようでした。私の知性は、このパラドックスをどうしても受け入れることができず、より安易な方法を選びました。故郷を見つける代わりに、呼吸を数えることに集中したのです。

何年も経って、ついにやっと故郷を見つけたとき、そこを離れたことなど、一瞬たりともなかったのだと気づきました。私の先生のひとりがよく言っていましたが、それはあなたに最も近いところにあるホーム・グラウンドなのです。それは、あなたの目を通して見つめ、あなたの考えを引き起こし、あなたの手足を動かしている沈黙の存在です。それは、あなたが自分自身だと思っている人格としての「私」ではありません。それは、本当のあなた――神秘的でとらえがたく、すべてのものの主体である「本当の私」であり、人格や性質に先立って存在するものなのです。しかし、先生たちが私の本当の故郷を指さしてくれたとき(私も今、教師として同じことをしていますが)、それは呼吸と同じくらいそばにあるものらしいのに、どういうわけだか私にはまったく見えませんでした。それで私は二十年以上もそれを探し求め、何時間も坐禅し、数えきれないほどの教えや本を見聞きしましたが、結局、元いた場所にずっといただけだということに気づいたのです。

心の奥底で、すべての人が、故郷に帰りたいと思っているのではないでしょうか。と言っても、子供時代を過ごした家庭ではなく、本当に自分自身でいられる場所――完全に満足し、リラックスし、安心できる場所に帰りたいと思っているのではないでしょうか。あなたは、この世界で、そんなものを経験したことはないかもしれません。でも、ときおり、その可能性を垣間見たことはあるかもしれません。もしかしたら、砂浜を散策しているときや、音楽を聞いているとき、愛する人の腕に抱かれて安らいでいるときに、そういうものがあると感じたことがあるでしょう――言葉では表現できない、つかの間の平安と愛を体験し、時が止まったかのように感じられ、空間が広がり、言いようもなく神聖で深淵なものに出会ったことがあるかもしれません。しかし、このような体験はすべからく、やって来ては去っていくものです。こんな安らぎを常に経験することはできないのだと、あなたは感じるでしょう。もしくは、この体験のとりこになり、もう一度再現するため、スピリチュアルな教えや修行に何年も時を費やすかもしれません。

一度も離れたことがないのに、どういうわけか、もう一度見つけなければならないという故郷に関するパラドックスは、放蕩息子の普遍的なたとえ話として、世界中のスピリチュアルな伝統の中に見ることができます。どこか遠くにある宝物を探すため、父の家を出た放蕩息子は、自分が何者であったかを忘れ、数年後、偶然、家にたどり着きます。そして、父は息子に気づいて温かく迎え入れ、息子が受け継ぐべき財産や権利を差し出すのです。別のヴァージョンでは、放蕩息子は宝石のありかを示す地図を手に入れますが、宝は結局、自分の家の暖炉の下に埋められているのです。別のヴァージョンでは、貧困に陥った放蕩息子が、ずっと自分のポケットの中に隠れていた貴重なダイヤモンドを見つけます。

これらのたとえ話は、スピリチュアルな旅の謎をよく表しています。ここ以外に、行くべき場所など、どこにもないのですが、それでも、旅に出ることは避けられないのです。というのも、そうすることで私たちは疲れ果て、謙虚な気持ちになり、感謝の心を持って宝物を受け取る準備ができるからです。旅に出なかったら、そういう気持ちにはなれなかったことでしょう。外側に答えを探しては無駄に終わるということを繰り返していくうちに、私たちは、すべての「自分ではないもの」を発見します――楽しい経験、物質的な所有物、スピリチュアルな達成、至福に満ちた心の状態など、やって来ては去って行くものは皆、自分ではありません――そして、私たちは、本当の自分を、もっと理解するようになります。それは、決して破壊されることのない宝石であり、イエス・キリストが言ったように、さびついたり朽ちたりすることのない宝なのです。

### 呼吸と内省のエクササイズ

目を閉じて、どんなところでもいいので、本当の故郷にいるのだと想像してみましょう。視覚、音、匂いなど、すべての感覚を使って、少しの間、この故郷を感じてみてください。どんなふうに感じますか？　体のどこで感じますか？　故郷という言葉が呼び起こす感覚やイメージに、何かしら驚きを感じましたか？

## 門なき門に対面する

探すことと見つけることとの逆説的なダンスは、それぞれの伝統によって、異なる衣装をまといます。禅では通常、それは「門なき門」という言葉で表現されます。この逆説的な組み合わせを打ち崩し、突き抜けないと、偉大なる禅の教えの意味を完全に理解することはできません。しかし、この謎に満ちた難攻不落の障壁の前では、どんな知的努力も無駄だということが、必ずわかります。知性だけではなく、あなたの全存在をこのプロセスに向け、パラドックスがあなたを内側から変容させるのにまかせなければならないのです。禅の公案の多くは、この逆説のヴァリエーションです。それによって知性を混乱させ、別次元の知から答えを引き出すのです。

ブッダが言ったとされる有名な言葉について考えてみてください。「すべての存在は、生まれながらに悟っているのだが、執着や歪んだものの見方のせいで、そのことに気づくことができない」この言葉を初めて聞いたとき、知性がショートしてしまったことを、今でも覚えています。「気づくことができないのに、どうして自分が悟っていると言えるのだろう?」私は考えました。「もし、本当に悟っているのなら、どうして、そのことに気づけないのだろう?」

新参者として、私はこの言葉を次のように解釈しました。「私の中の奥深いところに、悟った自分というものがあるので、何とかしてそれを見つけなければならない。瞑想とは、それを掘り出すために考案された、ある種の発掘プロジェクトである」私は何年間も掘り続け、集中瞑想リトリートに参加し、公案を研究し、目覚めが流れこんでくるよう、心を空っぽにしてスペースを作りました。この発掘調査活動において、指導者たちは個人面談で弟子を励ましたり、公案を素早く解いた者には気前よくお墨付きを与えたりして、発破をかけました。やがて、私は掘ることに疲れ果て、シャベルを脇に置き(そして、袈裟も脱ぎ)、普通の暮らしに戻ったのでした。それでもなお、私の心はひっそりと、このパラドックスに悩まされ続けました。

実際のところ、ひとたび、この核心的なパラドックスに心をとらわれ、日常の現実は、すぐそばにあるのに隠されていて見えない深い真実の反映に過ぎないということに気づいたら、もう後戻りはできません。あなたは、どんなに遠くまでさまよっても、決して途中放棄できない探求の旅に出たのです。禅のマスターたちは、このパラドックスに向き合うことを、真っ赤に焼けた鉄の玉を飲みこむことにたとえています。あなたはそれを吐き出すことも、飲み下すこともできないのです。それを消化するまで、完全に心安らぐことはできません。

故郷に帰り、自分の「本来の顔」（訳注：禅用語では「本来の面目」）を見つけるため、熱狂的な禅の修行者たちは何世紀にもわたり、このパラドックスを解こうとして何時間も瞑想をしました。禅の一派、臨済宗の修行者は、何時間も熱に駆られて、「無」（ある重要な公案に出てくるキーワード）と叫び、門なき門を突破しようとします。他にも、雪の中で何時間も立っているとか、絶壁の縁に座るとか、師匠を求めて徒歩で旅をするとか、極端に修行を押し進めた例が、逸話として数多く伝わっています。「僧院は、必死な人たちのための場所である」と、私の最初の禅の師匠がよく言っていました。そういう人たちは、悩み苦しみ、強烈にせっぱつまっているため、長く孤独な探求の旅に駆り立てられるのです。

何世紀も前、ペルシャの神秘主義者で詩人のルーミーは、自身の神聖なる「必死さ」について、こんな詩を書いています。

答えが知りたくて
ドアを叩き続け
私は狂気の縁にいた。そのとき、ドアが開いた。
私はずっと、ドアの内側から叩いていたのだ！

この詩から察するに、ルーミーはこのパラドックスを知性で解き明かそうとして、長いこと苦闘していたようです。しかし、その努力にもかかわらず、ドアは結局、ひとりでに開き、今までずっと秘密の部屋にいたことに気づくのです。ルーミーが、自分はずっとドアの内側にいたのだと気づいた瞬間のひらめきは、探求者の驚きや安堵、喜びをよく映し出しています。パラドックスを明らかにしようとして力尽き、地面に倒れこんだとき、探求者は、絶望のさなかでさえも、故郷を離れたことは一度もなかったのだと気づきます。「すべてのものが完全無欠である」と道元禅師は言います。「どこに立とうと、地面を踏みそこなうということはない」

言うまでもないことですが、謎を解読し、リアリティの核心にある真実を明らかにしたいという強い願いは、人類始まって以来の普遍的なものです。これは私たちのDNAに刷りこまれていると言ってもいいでしょう。イスラムの神秘主義、スーフィズムでは、神は預言者ムハンマドに「私は隠された宝であり、発見されることを望んでいる」と言ったとされています。神は愛されたい、経験されたいと切望したので、目覚めることで頂点に達するという人間の進化のパターンを作り上げました。神、もしくは真実は、あなたを通して自分自身に目覚めたい、あなたの目を通して、いたるところに自分自身の姿を見たい、あなたの唇を通して、いたるところで自分を味わいたいと望んでいるのです。名もなき賢者がこう言っています。「あなたが探し求めているものも、常にあなたを探し求めている」

あなたが望んでいるものが物質的なものであれ、人間関係であれ、仕事上の成功であれ、性的な満足であれ、結局のところ、それを得たときに感じるつかの間の安らぎが欲しいだけなのです。当然のことながら、そのような条件付きの安らぎはあっという間に消えてしまうので、次から次に新しい欲望を追い求めて、落ち着きなくさまようことになります。自分自身が何者であるか知り、すべての欲望の真の目的である「欲望からの自由」を知るまで、あなたは決して、乱されることも失われることもない安らぎを知ることはできません。

## 監獄からの脱出

生まれ持った目覚めた本質を再発見するために、多くの人が何年間も努力奮闘します。しかし、一生懸命、瞑想したり探求したりすることもなく、偶然、目覚めてしまっただけのように見える人たちもいます。私の友人はバスに乗ろうとしているとき、思いがけなく突然、自分が「空《くう》」であることに気づきました。別の友人は、「私とは誰だろう?」とたった一度、自問しただけで、「分離した自己」の幻想を見抜きました。さらに、他の友人は、ある朝、目覚めたら、今までなじんできた自己の感覚がなくなっていました。その代わり、純粋な意識が体の中を流れ、自分の五感を通して人生を体験していたのです。しかし、もしあなたがルーミーのような人なら、疲れ果てるまでドアを叩き続けなければならないでしょう。

ティム・ロビンズが主演した『ショーシャンクの空に』の主人公のように、無実の罪で投獄され、スプーンで穴を掘って脱獄しようとする男の寓話があります。男は何年も悪戦苦闘し、手が豆だらけで血まみれになり、ついに、こんなことをしても無駄だと悟って諦めます。そして、絶望の涙を流しながら、監房のドアに寄りかかったとき、最初からドアに鍵などかかっていなかったことに気がつきます。この男が、ルーミーと同じような喜びと安堵を感じたことは言うまでもありません。信じがたい話のように聞こえるかもしれませんが、肝心なのは、あなたが囚われていると思っている監獄は、実は存在しないということです。

実際、私の師のジャン・クラインが言っていたように、監獄から何としても抜け出そうとしている人こそ、監獄そのものなのです。この言葉は、私たちを閉じこめているものが何なのか、はっきりと示しています──自分は閉じこめられていると信じている心こそが、監獄なのです！　監獄の正体を見抜くことで自分自身を自由にできるか、それとも、鉄格子に体当たりして疲れ果てるかは、あなたの意志というよりカルマにかかっています。直接、源泉に向かおうと心に決めていても、いつの間にか混乱して方向感覚を失い、門の外に立っているということになるかもしれません。「悟りを阻む唯一の障害は、『私はまだ悟っていない』と考えることだ」と、偉大なインドの聖者ラマナ・マハルシは言っています。しかし、この厄介な考えを捨て去るには、一生、かかるかもしれません。

## 開かれた秘密

アドヴァイタ・ヴェーダンタを含め、いくつかのスピリチュアルな伝統では、この核心的なパラドックスを「開かれた秘密」（オープン・シークレット）と呼びます。あなたという存在の真実は、隠されていたことなどありません。それは、あなたの顔に鼻がついているのと同じくらい、明白なものなのです。しかし、どこをどういうふうに見たらいいのかわからないので、それは依然として隠されているのです。先生の仕事は、あなたがどこを見たらいいか、正しい方向を指さすことです。「徹底的に修行して、障壁に突入し、謎を解明せよ」とアドバイスするのではなく、「教えに耳を傾け、それが正しい方向をそっと指さすのにまかせなさい」と先生はあなたを諭します。そうすればやがて、時を超えた瞬間、秘密はひとりでに明らかになります。

実際問題、まっすぐ前を向いているときに、自分の鼻を見ることはできません。見ようと思ったら、目を特別な方向に動かさなければなりません。あなたはいつも自分の外にあるものを見つめていますが、振り返って、「見ている人」を見ようとすることは、めったにありません。この「見ている人」こそが、すべての「見る」という行為の源泉なのです。目はものを見るための媒体なので、賢者たちは「目は、自分自身を見ることはできない」と言います。しかし、より微妙で間接的な見方で、「目を見る」ことができます。知性を迂回し、時を超え、ダイレクトに認識することによって、見るという行為の源泉をとらえることができるのです。

このプロセスは、どちらが背景なのかわからない、白と黒のだまし絵によく似ています。あなたは好奇心と、おそらく若干の戸惑いを持って、絵を見つめます。すると、突然、今まで花瓶だと思って見ていた絵が、実は向かい合うふたりの人の横顔でもあったことに気づきます。いったん、顔が見えると、どうして、今まで気づかなかったのだろうと不思議に思えてきます。また、このプロセスは、大事な用事で出かける前に、家中、鍵を探しまくるのにも似ています。必死に鍵を探し回るのですが、結局、それはずっと自分のポケットの中にあったことに気づくのです。もっと恥ずかしい例を挙げると、サングラスがどこに行ったか探していたら、誰かに「頭の上に乗っかっているじゃないか」と指摘されるようなものです。「ああ、ここにあったのか」と、あなたは言います。「どこかにあることはわかっていたのだけれど」気づくときは、一瞬で気づきます。それは、自分の家のドアを開けて中に入るのと同じくらい、ごく当たり前のことなのです。

## 絶対的な真実と相対的な真実

「開かれた秘密」に「門なき門」という逆説的なメタファーの裏には、仏教やアドヴァイタ・ヴェーダンタに共通する重要な哲学的区分が隠されています。それは、ふたつの真実です。絶対的真実、もしくは究極的な真実のレベルにおいて、あなたはすでに悟っており、すでにブッダであり、あるがままで完全で、どちらを向いても、生来の完璧さですべてが光り輝いているのです。問題など何もないのだから、つけ加えるべきものも、とり去るべきものもないし、解明すべきものも、改善すべきものもありません。過去も未来も、原因も結果も存在しません。あるのは、時を超えた瞬間、「永遠の今」だけです。そこからリアリティが、何とも言えない神秘的な方法で、絶え間なく湧き上がってくるのです。しかし、相対的真実、もしくは慣習的な真実のレベルにおいて、あなたは生まれ持った完璧さに、まだ気づいていないので、仏性の安らぎや満足感を感じられないかもしれません。あなたは教えを読み、修行して、究極的なものを経験しようとします。常に問題が起こって、あなたの注意を引き、状況を改善しなければならず、現実は原因と結果の法則に厳密に従います（少なくとも超原子レベルでは）。

ふたつの真実は、同時に適用されます。このふたつはお互いに相反するものではなく、むしろ切っても切り離せない関係にあり、スピリチュアルな修行のゴールは、その両方を受け入れることにあるのです。実際、このふたつの真実は、同じ非二元的な現実の裏と表に過ぎません。そこには思考や感情といった個人的な領域と、純粋な意識という個人を超えた領域の両方が含まれています。つまり、仕事や家族、人間関係といった目に見える世界と、すべてのものが「一なるもの」の現れに過ぎない本質の世界です。領域とか、世界とか、レベルといった言葉を使うと、それらが別々のものだという誤った印象を与えてしまいますが、そうではありません。これから繰り返し検討していきますが、『般若心経』にあるように、形あるものは空《くう》に他ならず、空は形あるものに他ならないからです（訳注：色即是空、空即是色）。知性は、このパラドックスを受け入れることができません――あなたは、知性を超えて、直接、それを経験するしかないのです。

たとえば、親しい人間関係を例にとってみましょう。もしも、あなたとパートナー、もしくは友達が、ふたりの分離した個人として、お互いに人生の教訓を学び、成長と発展の機会を最大限に活かそうとしたら、まちがいなく、あるレベルの親密さを築くことができるでしょう。しかし、あなたたちふたりはすでに、本質的にはひとつであり、個人的問題にかかわりなく、愛があなたがたの本当の姿であるということを知る深淵な機会を逃してしまうかもしれません。ふたつの真実を受け入れるとき、あなたは、この分離しているように見えるふたつの自分自身の空性、光り輝く夢のような本質に気づき、自由と落ち着きを享受することができます。そして、この聖なる空性が、形あるものを通して表現しようと決めた人間らしさや弱さに気づき、優しさや寛容さを享受することもできます。絶対的真実と相対的真実、スピリチュアルな次元と日常的な次元の両方があって初めて、深い親密さが花開くのです。

## 呼吸と内省のエクササイズ

少し時間をとって、このパラドックスについて考えてみましょう。でも、知性で解き明かそうとしないでください。その代わり、「形あるものは空であり、空は形あるものである」という言葉に、体を共鳴させましょう。体がどんなふうに反応するか、観察してください。

## 故郷を離れ、そして戻る

もしも、一瞬たりとも故郷を離れたことがないのなら、どうしてあなたはさまよったり、自分が誰か忘れたり、苦心して家に帰る道を探しているように見えるのでしょう？　驚くべきことに、この古くからある疑問に対する満足のいく答えはないようです。「記憶喪失になった男が、托鉢《たくはつ》の椀を手に、自分の家のドアを叩いている」と、インドの詩人カビールは言います。

子供の頃、私たちは常に心を開き、感嘆に満ちた状態にあり、日常生活のすぐ下に潜む魔法や神秘に波長が合っていました。多くの人が、子供時代には、自分の本質をなんとなく感じとっていました――人生を導いてくれる慈悲深い存在がいるという感覚や、すべてのものから輝き出ている光、私たちすべてをつなげている愛の流れを感じていたのです。『幼年時代を追想して不死を知る頌《しょう》』というワーズワースの詩に、このことがうまく表現されています。

かつては、牧草や林、小川、地面など、
すべてのありふれた光景が、
神々しい光をまとい、
夢のような栄光とみずみずしさをたたえているように見えた

しかし、ワーズワースが嘆くように、私たちは年をとるにつれて、この輝きを見失い、後になってから、それをとり戻すことはもうできないのだと知ります。

何が私たちを放浪の旅に駆り出し、そして最終的に故郷へと連れ戻すにせよ、この旅は、放蕩息子の旅と同じく、避けることのできないもののように思われます。私たちは、分離した個別性を強調する共同現実《リアリティ》の中で育ちます。自分は不十分な存在だから何かを（それが何であるにせよ）なしとげなければならないと教えこまれ、あるときは、いたらないことをした叱られ、あるときは、いいことをしたと褒められます。私たちは、存在することの雄大さを見失い、社会に仕向けられた通り、自分は皮膚で囲まれたちっぽけな存在に過ぎず、全体の一部に過ぎないのだと信じるようになります。

時が経つにつれ、子供の頃に経験した生命の輝きを覆ってしまう信念や物語、記憶がますます溜まっていきます。「本当の私」を理解していることから来るシンプルな喜びや無限の可能性は、人生の歩みと共に培われたアイデンティティや役割によって、重荷を加えられます。「私は親である、罪びとである、ヒーラーである、物覚えが悪い、良き友人である、敗北者である、元気がない、外向的である、魅力的である」などなど、私たちは、人生というドラマで、限られた役割を演じています。言葉を変えれば、私たちは自分が何者か忘れているのです。ある日、おそらく、私たちは自分が不死であることを感じとり、時を超えたスピリチュアルな本質に気づき、探求者となって、故郷に帰る旅に出ます。でも、その日が来るまで、私たちは、他人の目に映る自分の姿を受け入れ、従うのです。「丘の上の私の家から、どうしてさまよい出てしまったのだろう」と、シンガーソングライターのジャイ・ウッタルは嘆きます。「丘の上の私の家に、連れ戻して」。

## （Q&A）

**なぜ、私たちは自分のスピリチュアルな家を見失ってしまうのでしょうか？　なぜ、私たちは、自分の本質を覚えておき、「放浪して、また戻る」という苦痛に満ちたプロセスを避けることができないのでしょう？**

誰にもわかりません。「なぜ」と問うのは、理解できないものを理解しようとする知性の試みです。唯一、本当に正直な答えは、「そういうものだから」としか言いようがありません。いくつかのスピリチュアルな伝統では、神が自分自身と遊んでいるのだと説明します。私たちが本当に知っているのは、誰もが「自分の丘の上の家」からさまよい出るということだけです。子供時代を経て大人になっても、自分の神聖な本質を決して見失わない人たちが、まれにいますが。ワーズワースは、「誕生とは眠り、忘れること」と言いました。多くの賢者たちも、「人間として生まれるという、ただそれだけの行為が、本当の自分との接触を失わせる」と言っています。

◇◇◇

**でも、子供たちが、この苦痛に満ちた放浪のプロセスを経験せずに済むよう、育ててあげること**

**はできないのでしょうか？**

子供たちに、私たちの考えや信念を押しつけず、自分自身であるための余地を充分に与えるよう、最善の努力をつくすことはできます。それに、子供たちの無邪気さや開かれた心、感嘆に満ちた心を守ってあげることも、もちろんできます。でも、いつか結局、彼らも強力な文化的プレッシャーに屈し、自分を分離した個人と見なすようになるのです。これは避けようがないことのように思われます。ゆえに、放浪の後に戻るというプロセスも避けがたいのです。

次の世代にいい影響を与えたいなら、一番大切なのは、あなた自身が目覚めることです。自分自身の人生で、自由の可能性を体現してください。そうすれば、周りの人に深い影響を及ぼすことができるでしょう。

◇◇◇

**目覚めるためには、あなたが「核心的パラドックス」と呼んでいるものと格闘しなければならないのですか？　私にはなぜだか、このパラドックスはあまりピンと来ないのですが。**

そんな必要はまったくありません。このパラドックスにとり組めば目覚めが促進されると考える人たちもいますが、目覚めるために、何か特別なことをしたり、考えたりしなければならないということはありません。私の師も含め、多くの教師が、存在の真実を発見したいという真摯な好奇心や熱心な興味を持つよう勧めますが、それすら絶対に必要なものではありません。後の章で説明しますが、目覚めに対する興味も準備もまったくなしに目覚めてしまう人もいるし、何年も修行しているのに目覚めない人もいます。逆説的でしょう？

◇◇◇

**それでは、苦しみは必要ですか？　あなたは自身の探求における苦しみの重要さについて述べました。強烈な苦しみなしに目覚めることはできますか？**

繰り返しますが、苦しみも必要ではありません。しかし、苦しみには不思議な力があります。それは、あなたのこぢんまりとした快適な世界をひっくり返し、より深い意味と充足感の源にあなたを開いてくれます。苦しみは、強力な目覚めのきっかけとなります。もちろん、それを探し求める必要はありません――苦しみが、いつかあなたを見つけるでしょう。

目覚めへの呼びかけ

## ウェイク・アップ・コール

**たった今、何か欠けているものがありますか？**

十分から十五分くらい時間をとって、この探求にとり組んでください。まずは、目を開けたまま、少しの間、心地よい姿勢で座りましょう。部屋を見回し、あなたの心が、目に映るものをどんなふうに批判したり解釈したりするか観察してください。「この家具はみすぼらしい。壁紙が合っていないな。カーペットが汚れている。請求書を払わなければ」などと、あなたの心は絶え間なく、コメントしています。これは、現実の上に思考の覆いをかけるようなもので、あなたが現実をダイレクトに経験するのを妨げます。「本」とか「机」といった概念でさえ、それらの物の中に潜む本質を見ることを妨げてしまうのです。

次は目を閉じて、そして、またゆっくりと開けてみましょう。今度は、たった今、地球に降り立ったばかりの宇宙人か、生まれたばかりの赤ちゃんになったつもりで、周りを見回してみましょう。窓やコンピューター、カーペットなどを、「たった今、初めて見たばかりなので、それが何なのかもわからない」というふうに見てみましょう。目に入るものに名前を付けたりせず、光と影、色と形、動きと静謐《せいひつ》の戯れを楽しんでください。自然な驚きと畏怖の状態に身をまかせます。あなたには、それらが何なのか、見当もつきません。こうした、無邪気で開かれた物の見方が、あなたという存在にどんなふうに影響するか、観察してください。

十分くらい、こんなふうに無邪気に周りの物を見たら、優しく自分に問いかけてください。「知性に相談することなく、ここにあるものだけを見て、たった今、私の経験に何か欠けているものがあるだろうか?」この質問の意味がよくわからなかったら、ただ受け流して、そのまま見続けてください。もしも、あなたの心が、必要だと思われるのに持っていないものや、人生に欠けているもの、不十分なものについて、おなじみの物語を語り始めたら、それは脇に置いて、ただ見ることに戻りましょう。今、ここにあるものだけを見ることを忘れないでください。

もう一度、「知性に相談することなく、ここにあるものだけを見て、たった今、私の経験に何か欠けているものがあるだろうか?」と自分にたずねてください。そして、答えが浮かんでくるのにまかせます。もし、欠けているものや足りないものは何もないという結論が最終的に出たのなら、この気づきが、あなたのありのままの経験をどのように変えるか観察してください。もし、あなたの答えがこれとは違うなら、ただ、たずね続け、答えが浮かんでくるにまかせ、純粋に見ることを続けてください。

# 第2章

# 探求者のいない探求

私たち自身がリアリティであるのに、私たちはリアリティを探し続ける。
これより大いなる謎はない。

――ラマナ・マハルシ

あなたという存在の真実は、当たり前で、シンプルで、常にここにあるものです。『奇跡のコース（『コース・イン・ミラクルズ』、ナチュラルスピリット刊）では、「本当のあなたになるのに、時間はまったくかからない」と述べられています。あなたはすべての瞬間、この無言の目覚めた存在を認識する機会を与えられているのです。それは、いつでも常に、今ここにあり、あなたの経験の根底をなし、すべてのものを輝かせているのです。しかし、いくら私が言葉を極めて、この真実を繰り返しはっきりと説明したところで、自分でそれを実際に体験してみないと、あなたは満足できないでしょう。古いことわざにあるように、絵に描いた餅で空腹を満たすことはできないのです。あなたは本物を食べ、その甘さや食感を楽しみ、口の中で実際にそれを感じなければなりません。このパラドックスは「開かれた秘密」であり、「門なき門」なのです。仏性、キリスト意識、ビッグ・マインド（訳注：大我）、純粋なるスピリットが、あなたの本質ですが、それと実際に対面するまで、あなたが探し求めている幸せや充足感を経験することはできないでしょう。

むろん、すでに自分がそうであるものを見つけるのに、新しい人間関係や仕事を探すときのやり方は通用しません――人脈に頼ったり、電話をしたり、ネットサーフィンしたりしても、それは見つかりません。スピリチュアルな本を読んでも、本当の探求のスタートラインに立つことができるだけです。実際、あなたが探しているものは今ここにあり、呼吸をすることと同じくらい、そばにあるものだということが、最初からわかっているのです。それは、作り上げたり達成したりするものではなく、生まれながらに持っているものであり、自然な状態なのです。だから、あなたの探求は、通常の探求とは異なる趣《おもむき》を帯びてきます。神様やグルなど、自分の外側に充足感の源を求めたり、精神的修養や何らかの経験によって、それを手に入れようとするのは、とても難しいと感じるでしょう。あなたはすでに自分が探し求めているものであるという教えからすると、どこか他の場所に行こうとしたり、自分ではない何かになろうとする努力は皆、見当違いで愚かなものに見えます。この探求は、もっと微妙で逆説的なものになります。英雄的な困難な旅というより、静かに波長を合わせて、内なる声に耳を傾けるような感じです。

しかし、師の助けなしに、内なる声に波長を合わせ続けるのは難しいものがあります。そのため、多くの探求者が――「開かれた秘密」に精通している人たちでさえ、自分の外側に、もっと強力で明確な修行法や道を求めようとします。自分の家の暖炉の下の宝物を発見するために、放蕩息子が家を出なければならなかったように、どういうわけだか、この「外側を探して、最終的には戻る」というプロセスは避けられないもののようです。古くから言われているように、「真実は、探しても見つからないが、探す者だけが見つけることができる」のです。言葉を変えると、あなたが探しているものはすでにここにあると教えてもらったのに、探求者のマントを着て、旅に出なければならないようなものです。しかし、最後には、あれこれと試みることに疲れ果て、あなたは探求を諦めなければなりません。そのとき、真実はおのずから明らかになります。

この探求はしばしば、真実に対する本物の気づきがきっかけとなって始まります。あなたは幻想のヴェールの背後をつかの間、覗き見て、好奇心をそそられ、欲求をかき立てられます。あるいは、自分の内部で共鳴する教えに出会い、「より深いリアリティが存在する」と感じたのでしょう。もしくは、本格的なスピリチュアルな経験をしたのかもしれません――突然、何の理由もなく、心のおしゃべりが止み、沈黙の観察者が常に、思考が浮かんできては去るのを観察していることに気づくかもしれません。もしくは、体が溶けてなくなったように感じ、すべての現象は空《くう》であることに気づくかもしれません。しかし、こういった経験は必ず消え去るものなので、あなたはこれをまた再体験したいという願いと共に、とり残されることになります。また、この体験を超えて、自分の本質、すべてのスピリチュアルな経験の真の源に向かいたいと思うかもしれません。

この時点で、あなたはまさに、故郷に帰る道なき道へ、足を踏み出そうとしています。あなたは自然と、森の中の動物のように道を嗅ぎ回って、旅の導きや助けを探そうとするでしょう。運が良ければ、真実にダイレクトにアプローチする先生に出会えます。先生は、あなたに立ち止まってリラックスし、すでにここにあるものに耳を澄ますようにと言います。そして、経験の背後で、それを経験している者に注意を向けるようにと言います。あなたは、長い探求の旅を経ずに、直接目覚めることができるかもしれません。しかし、ほとんどの人と同じように、あなたもスピリチュアルな冒険の約束に心をひかれて、スピリチュアルな雑誌のページをめくるかもしれません。これぞという本や先生、コミュニティーを探して、インターネットでスピリチュアルなキーワードを検索したり、地元の本屋さんやネット書店の精神世界コーナーをさまよったりするかもしれません。魅力的な選択肢が数多くあり、驚くほどヴァラエティに富んでいます。どこを向いても、「ある特定の修行やアプローチに専心すれば、スピリチュアルな達成が得られる」という誘いの文句であふれています。

あなたはアジアで修行した先生からヴィパッサナー瞑想を習って、マインドフルネス（訳注：今、この瞬間に注意をはらい、気づいていること）と慈悲を養い、悟りという「彼岸」にたどり着くのに必要な心と精神を発達させることができるかもしれません。もしくは、インドのバクティ・ヨガのグルと共に祈り、詠唱し、クンダリーニの目覚めという恩寵を神から賜るかもしれません。旧チベットで生まれ育った師のもとで、仏のヴィジュアライゼーションなど、予備的修行をし、幸運にも来世では覚者の転生として生まれかわるかもしれません。

自分という存在の真実は、すぐそこ、目の前にあると直感的に知っているのですが、あなたはスピリチュアルな市場に誘いこまれてしまいます。そこでは、善意の売り手たちが、この商品を買い、このクラスを受講し、このコミュニティーに参加して、何千時間も費やせば、いつか遠い将来、悟りを得られると約束します。あなたの当初の願いは、子供が母のもとに戻り、鳥が巣に戻るように、道を探し、内なる声に耳を傾け、真実に向かって進んでいきたいという純粋なものでした。しかし、それは、すでに確立されたスピリチュアルな伝統に飲みこまれ、達成を目指す遠回りの道に引きこまれてしまいます。ようこそ、漸進的な道へ！

## 漸進的なアプローチの是非

漸進的な道は、何世紀もかけて念入りに練り上げられたアプローチなので、とてつもなく魅力的です。伝統的に認められた方法なので、ただ心をこめて指示に従いさえすれば、結果は後から自然についてくるものだと、あなたに思わせます。充分なだけ、教えを聞き、瞑想して、修行に参加し、正しい態度や心がけを養えば、ある日、あなたは本当の自分を発見するというわけです。漸進的な道の経典は、修行者を励まし、鼓舞するような逸話に満ちています。そういう話によると、偉大なマスターたちも、あなたや私と同じように、探求者として出発したのですが、長い間、熱心に努力した末、悟りを達成したのです。

知性は不確かなものを嫌い、自分がどこにどうやって向かっているのか知りたがるので、斬新的なアプローチは知性にとって、とても心地よいものに感じられます。それと同時に、努力奮闘することが大好きなエゴにとっても、このアプローチは魅力的です。エゴとは、あなたが誤って自分自身だと思いこんでいる「分離した自己」という感覚のことですが、エゴは自分が、人生という名のドラマの悩み多きヒーローだと思っています。そして、スピリチュアルな道こそ、究極的なヒーローの旅だと考え、菩提樹の下のブッダのイメージが、ギリシャの英雄オデュッセウスや、映画の主人公のロッキーにとって代わります。長年の努力の末、自分もブッダのように悟りの頂点を極め、完璧に安らいだ姿勢で座り、恐れのない平安を表す印を組んでいる姿を、エゴは想像します。

漸進的なアプローチは、高貴で意味のある課題を提供してくれます。また、有益なライフスタイルや、同じ志を持つ仲間とのコミュニティーや、帰属感も与えてくれます。あなたは菜食主義を楽しんだり、アシュラムや瞑想センターでの暮らしに参加したり、定期的な瞑想やヨガの実践で健康になったり、仏教の本を読んだり、スピリチュアルな音楽を聞いたりすることができます。地球規模で加速しつつあるスピリチュアルな目覚めのムーブメントの一員であると実感することもできます。多くの探求者が、漸進的な道に引きつけられるのも不思議ではありません。

しかし、この段階的に進んでいくアプローチは無害で安全なものに見えますが、今すぐ目覚める可能性を摘み取ってしまうこともありえます。それには、多くの重要な理由が挙げられます。目覚めることではなく、目覚めをもたらすとされる修行に集中するよう促されて、あなたは何年も修行し、完璧な姿勢を身につけ、瞑想やヨガの達人となりますが、こんなにも近くにある真実に目覚めることはできないかもしれません。たとえば、私の周りには、何十年も袈裟を着て、呼吸を整え、法話を説いているけれど、一度も自分の本質や本来の面目をはっきりと見たことがない仏教関係者が何人かいます。あなたのエネルギーを探求に注ぎこむことには、永遠の探求者で終わってしまう危険性が伴います。あなたは結局、自分がそもそも探していたものを見つけられないかもしれません。

おそらく、もっと大事なのは、「本当の自分を知るには、ある修業を一定の期間以上しないといけない」という漸進的アプローチの前提そのものが、「自分の本質は深いところに隠されているので、長期間、努力して掘り出さなければならない」という信念を強めてしまうことです。私は何年間も、瞑想用座布団の上で姿勢を正して合掌し、自分の本質をほんのちょっとでも垣間見ようと奮闘していました。まるで、こんがらかった思考の茂みの中に潜んでいる貴重な動物を捕まえようとするかのように。その後、私はこうした努力や、正式な瞑想の修行を放棄し、ある先生に出会いました。その人は、私にこう言いました。「探求者こそが、探し求められている者である。見ている者こそが、あなたが見つけようとしている者である」。私の心は、この言葉を受け入れることができませんでした。しかし、その後まもなく、時を超えた瞬間、探求者と探し求められている者という区別が崩壊してひとつのものになり、自分が何者か、はっきりとわかったのです。本当の自分を一生懸命探していた私こそが、私がずっと探し求めてきた本当の自分だったのです。真実はずっと、自分自身とかくれんぼして遊んでいたのです。もし、私が一生懸命探すことに集中し続けていたら、後ろを振り返り、すべての探求の源である沈黙の存在に気づくことはできなかったでしょう。

何年も瞑想を修行したことが、私の目覚めを促進したのでしょうか？　それはわかりません。私にわかっているのは、定期的に瞑想するのをやめた後に、目覚めが起きたということだけです。一般的に、漸進的アプローチの支持者は、自分が実践している特定のテクニック——マインドフルネス瞑想であろうと、マントラの詠唱やハタ・ヨーガであろうと——は真実に近づくための乗り物として、何世紀もかけて無数のマスターや教師たちによって磨き上げられてきたのだと主張します。その証拠として、自分たちの系譜に属する覚者の名前を、たくさん挙げたりします。しかし、何年も僧院で過ごしながら、つかの間、悟りを垣間見たことすらない、何千もの名もなき修行者たちは、どうなるのでしょう？　それに、何のテクニックも手法も用いずに目覚めた偉大なマスターたちは、どうなるのでしょう？　世界的に有名な二十世紀のインドの賢者、ラマナ・マハルシは十六歳のとき、三十分ほど死んでいるふりをしたら、分離した自己という感覚がなくなり、本当の自分に目覚めました（興味深いことに、彼はこの方法を他人には決して勧めませんでした）。中国禅宗の第六祖、慧能《えのう》は、出家する少し前、金剛般若経の一節を聞いただけで悟ってしまいました。伝統的な教えとは裏腹に、ブッダが悟りを開いたのも、懸命に修行したからではありませんでした。それどころか、ブッダが悟ったのは、苦行を放棄し、栄養のある食べ物を食べ、木の下で心地よい草の上に座り、悟りを得るまで立ち上がるまいと決意した後のことでした。明らかに、目覚めが起きるのに、漸進的なアプローチは必要ではありません。

それに、ある特定のテクニックを長い間修行すると、逆効果になることもあります。修業によって心が開かれ、真実に近づくのではなく、むしろ、習慣化によって心がマヒしてしまうかもしれません。漸進的なアプローチが自分にどのような影響を及ぼすか知りたいなら、伝統的団体の居住型瞑想センターやアシュラムを訪ねてごらんなさい。そこで長期間修行している人たちは幸せそうですか？　自由で、安らかで、目覚めているように見えますか？　それとも、頑なに組織やルールに固執し、自発性に欠けるように見えますか？　自分のスピリチュアルな進歩や地位を自慢したり、周りの人を支配しようとしているように見えますか？　もちろん、各団体、センターによって、状況は異なるし、修行者も一人ひとり違います。しかし、私が訪ねたアシュラムや僧院の多くは、期待していたような喜びや、いきいきした感じに欠けていました。その代わり、感情的に抑圧されて、形式にとらわれているような感じがしました。

しかし、スピリチュアルな修行が、あらゆる意味でたいして役に立たないと言いたいわけではありません。研究によると、定期的に瞑想すれば、心拍数や血圧、コレステロール値が下がって、免疫機能が活発になり、寿命が延び、全般的な幸福感が増すそうです。つまり、問題なのは修行法ではなく、修行をするときの態度や心がけと言えます。もし、修業することで、遠大な目標を段階的に達成しようと考えるなら、あなたは当初の情熱や好奇心を失ってしまうかもしれません。そして、スピリチュアルな経験を積み、もっと優れた人になろうとするあまり、真の自分という開かれた秘密をとり逃してしまうかもしれません。「瞑想を習慣にしてはいけない」。修行を味気なく退屈なものにしないよう、私の師のジャン・クラインはよくこう言っていました。習慣として瞑想するのではなく、実験室に入っていくかのように瞑想に入って行き、「瞑想する者」を見つけることを意図してください。

最近、仏教を実践している古い友達、ミッシェルに再会したのですが、彼女は漸進的アプローチの落とし穴のいい例を示してくれました。彼女はもともと、苦悩を乗り越えたいと強く願って修行を始め、二児を育てカイロプラクターとして働きながら、ある先生のもとで何年も修行をしました。瞑想の経験を積むうちに彼女は、その組織における「ベテラン修行者」としてのアイデンティティにはまってしまいました。私は何年も坐禅に費やしたのだから、相当なレベルに達しているだろう、というわけです。今、ミッシェルは教える立場にあるのですが、自分の本質に関しては、ちらりとそれを垣間見たことがあるという程度でした。それに、彼女の先生は十年以上前に亡くなってしまったので、先生に相談することももうできません。ある意味、ミッシェルは漸進的な道の行き止まりにぶつかってしまったと言えるでしょう。何年も修行して、彼女は前よりもいい人になりました――落ち着きが増し、前よりも自覚的になったので、感情的に反応することが減り、ストレスも溜まらなくなり、充足感が増しました。しかし、そもそもの探し求めていた悟りを得ることはできませんでした。ミッシェルは修行に長い時間を費やしてきましたが、実際のところ、仏教の教えがもたらすと約束している深い平安や喜びを、修行によって得られるとは、もう信じていませんでした。しかし、ミッシェルはベテラン修行者で、今や教える立場にあるので、仲間のもとを去り、他のアプローチや先生を探す気にもなれませんでした。それで、彼女はいくばくかの失望と諦めと共に、今まで通り頑張り続けましたが、心の中では、深く持続的な目覚めを得ることは自分にはできないと思っていました。

ミッシェルは最初、目覚めたいという切迫した衝動に駆られていましたが、伝統的な教えに導かれ、何年にも及ぶ献身的な修行の道へと引きこまれました。しかし結局、平安や喜びをもたらすという当初の約束が果たされることはありませんでした。修業の過程においてミッシェルは、目覚めとはどのようなもので、どのように達成されるのかという信念システムを受け入れました。しかし、その信念によって、目覚めを得るのは達成不可能な遠い目標だと感じるようになりました。本当の自分は常にここにあり、今すぐ手に入れることができるのだと信じることは難しくなってしまったのです。これこれしかじかの修業を達成し、公案を解き、経典を理解すれば、自分が何者か発見できるだろう、というふうに彼女は教えられたのです。

時が経つにつれ、ミッシェルはもっといい人になることに精力を注ぐようになりました。時間をかけて心を鎮め、忍耐や落ち着き、慈悲、寛大さといったスピリチュアルな性質を養い、このような努力が自分を悟りに近づけるだろうと思っていたのです。しかし、いくら努力しても、本当の自分に近づくことはできないのです——なぜならそれは、あなたに一番近いところにあり、呼吸よりも身近なものだからです。そして、努力しなければならないという信念は、あなたをさまよわせ、すでにここにあるものからあなたを遠ざけるだけです。インドのスピリチュアルな教師のニサルガダッタ・マハラジはたずねます。「幸せを探そうとすると、みじめな気分になるのが、わからないだろうか？」。スピリチュアルな性質を養い、いい人になろうと努力しても、知性のお気に入りの思いこみにはまってしまうだけです。「自分には何か問題があるから、もっといい人にならないと、本当の自分を発見できない」という知性の思いこみは、昨今の自己啓発ブームによってさらに強化されています。心の奥底で、あなたは、自分には生まれつき欠陥があると信じています。特にあなたが属する伝統の偉大な先駆者たちと自分を比べると、そのように感じてしまいます。だから、あなたは、「このように考えるべき、感じるべき、行動するべき」というイメージに自分を近づけようと努力し続けます。禅ではこのような態度を、「すでに完璧な頭を持っているのに、その上に別の人の頭を乗せようとしている」と評します。

漸進的アプローチがもたらす、最も油断ならない弊害は、何年もかけて段階的に努力することによって、探求者としての自分を強めてしまうことでしょう。修業の道を突き進み、リトリートに参加し、理解を深め、経験を積み、スピリチュアルな点数を稼ぐ「分離した自分」という思いこみが強まってしまうのです。スピリチュアルな人たちは、エゴを手放して自分の空性を経験しているように見えます。しかし、皮肉なことに、そういう人たちが修行の過程において、心の暗がりに隠れている巨大なスピリチュアルなエゴを育ててしまうのです。「どうだい、私もずいぶん、落ち着きが出て、思いやりがあり、平和な人間になったじゃないか?」小さな声がささやきかけ、自分の進歩を示そうとします。もしくは、その声は、もっとネガティブな調子でささやきかけてきます。「私は瞑想のコツもつかめないようだ。何年も修行しているというのに、ひとつも進歩していないいんじゃないか？」ひとたび、この探求者というアイデンティティが定着してしまうと、それをはっきりと見つめ、手放すことは大変難しくなってしまいます。というのも、漸進的アプローチはもっと精神を深め、いい人間になるよう、あなたを励ますので、修行することによって、探求者というアイデンティティが強まりがちだからです。それに、漸進的アプローチを最終的に達成しても、二元的であることを免れることはできません。なぜなら、「達成」とは、「私」という分離した自己に属する経験だからです――「探求者」が本当に消え去ることはなく、「発見者」というアイデンティティに入れ替わるだけなのです。

## 呼吸と内省のエクササイズ

少し時間をとって、あなた自身の探求のアプローチについて考えてみましょう。もし、漸進的なアプローチを実践してきたのなら、目覚めに対するあなたの考え方に、それがどのように影響したか考えてください。修業することで真実に近づけたと思いますか？　自分が選んだ道について、どんな信念や物語を持っていますか？　今は、特定のアプローチを実践しているわけではないなら、どうしてスピリチュアルな探求に引きつけられるのか考えてみてください。

## 直接的なアプローチとその影

私がこの本で紹介したいのは、自分を改善して自己実現する漸進的な道ではなく、今すぐここで本当の自分を指し示す直接的なアプローチです。本当の自分とは、純粋で、永遠で、自由な無限の意識であり、あなたはいつでも常に、この意識だったのです。あなたは一瞬でも、それから離れたことがないので、それに近づくことなどできません。特に、努力したり進歩したりすることで近づくことはできません。ちょっと振り返って、それに注意を向け、あなたの本当の「顔なき顔」に一度、気づくだけでいいのです。

直接的なアプローチは、テクニックよりも、先生と生徒の親密な関係を大事にします。そして、ハートからハートへ、精神《マインド》から精神《マインド》へと、即時に真実を伝えることを重視します。私の最初の禅の師匠も「温かな手から、手へ」と伝えるのだと、よく言っていたものです（「伝える」という言葉は、知識や知恵を人から人へ渡すというような誤った印象を与えるかもしれません。そうではなくて、先生と生徒の両方が同時に、本質の認識を分かち合い、認め合うという意味です)。中国禅宗の開祖、達磨《だるま》大師は、この特別な伝達の仕方を、このように説明しました。「文字や経典に頼らず、直接、人間の心を指し示し、本質を見ることで、ブッダになる」(訳注：不立文字　教外別伝　直指人心　見性成仏)。チベットの伝統的な教え、ゾクチェン(大いなる完成)でも、「指し示す」ことで、弟子に心の本質を教えます。インドのアドヴァイタ・ヴェーダンタでは、賢者は言葉と沈黙の両方を使い、言葉と沈黙を超えた「生きたリアリティ」に、弟子を目覚めさせます(ヴェーダンタの経典の総称「ウパニシャッド」はもともと、グルの「近くに座る」という意味です)。私の先生が「探求者こそが、探し求められている者である」と言ったとき、私はその意味を深く考えることはしませんでした。私の側では何の意識的努力もしなかったのですが、この言葉は私をとらえ、内側から私を変容させたのです。

しかし、残念なことに、エゴのパワーは、最もすばらしい道をも、自分だけの有料道路に変えてしまうので、直接的なアプローチにも影の側面があります。たとえば、ちょっと教えを聞き、二、三冊、本を読み、お香を少し焚いて、儀式用の特別な服を着れば、目覚めが自然にやって来るから、真剣に関心を持って探求する必要はないと考える人たちがいます(もちろん、そういうふうに目覚めがやって来ることもあります。しかし、目覚めがやって来るのを待っている間に、あなたのお茶が冷めてしまうと困るので、私は、このやり方はあまりお勧めしません）。また、教えを知的に理解しただけで、探求を成し遂げたと考える人たちもいます。つきつめれば、偉大な賢者たちが言うように、あなたはいつでも本当の自分なのです。しかし、前述したような探求者たちは、まだ門なき門の外に立っているのです。いいかげんな気持ちで探求したり、受け身で待っていたり、頭で理解するだけでは、門を通り抜けることはできないのです。しかし、直接的なアプローチを熱心に追及している人たちも「プロフェッショナルな探求者」になってしまう場合があります。そういう人たちは本物の目覚めより、探求から得た新しいアイデンティティがもたらす個人的な慰めや、意味づけ、帰属感などに興味を持ってしまうようです。本物の変容的な目覚めは、不愉快なものである可能性があります。それは、最もスピリチュアルなアイデンティティでさえ解体し、その下にある生きた真実を明らかにするのです。

## 探求しない探求

たしかに、こうした言葉を読んだり、古《いにしえ》の偉大な賢者の教えを聞くだけで、時を超えて瞬間的に、真の自分に目覚めてしまうことはあります。でも、一般的に言って、本当の自分を探すことにやる気や好奇心を持ち、情熱的であることは役に立ちます。言葉を変えると、何よりも真実を知りたいと願い、どこをどうやって探したらいいのか知ることが役に立つのです。

スーフィズムの寓話では、聖なる愚者、ナスレッディン（訳注：トルコ民話の登場人物、ナスレッディン・ホジャ）がなくした鍵を街灯の下で探します。街灯の下は明るいので、ナスレッディンはそこで鍵を探すと言い張るのですが、本当は別の場所で鍵をなくしたのです。すでに言い古されてはいますが、この話は、探求というものの本質をよく示しています。ナスレッディンのように、あなたも本当の自分を、自分の外側のよく知っている場所で探したくなるかもしれません。そこは、今まで大勢の人が旅してきた確かな場所です。すでにたくさんの街灯があり、あなたの道を照らしてくれます。しかし、最終的には、あなたの道は、あなた独自の道です。その道は無知の暗闇から始まり、そこにあるのは心からの切望だけなのです。ニサルガダッタ・マハラジは言います。「あなたは自分自身の道を見つけなければならない。自分で見つけなければ、それは自分自身の道とは言えないし、あなたをどこにも連れていきはしない」。あなたは進んで暗闇の中に座らなければなりません。真実はそこに隠されていることを知り、安易な答えや確立された修行法に飛びつかないことです。ニサルガダッタはさらに言います。「よく知っている世界で生きるのは束縛である。未知の世界で生きるのは解放である」。

ウパニシャッドでは、真実に至る道として、主に三つのものを挙げています。聞くこと、瞑想すること、考えることの三つです。最初の「聞くこと」は、この章と次の章で取り扱いますが、聖典を読んだり、真の教師の言葉に耳を傾けたりすることです。しかし、新しいコンセプトを仕入れようと思って聞くのではなく、自分で真実を体験したいと願いながら聞くのです。二番目の「瞑想すること」は第4章で取り上げますが、自分の人生に起きるすべてのことを受け入れるということです。三番目の「考えること」は第5章で取り上げますが、ここに書かれているような言葉が、あなたの心の中の肥沃な暗闇で発芽し、成長していくのにまかせるということです。そして、あなたは、それらの言葉が表す真実を丹念に調べ、味わうのです。この三つのアプローチに必要なのは、努力奮闘することではなく、開かれた受容的な状態であることです。決定的な真実を発見することに専心し、先入観を脇に置き、現実をダイレクトに経験しようという気持ちが必要なのです。言い換えると、探求が長く続いても、初心を忘れず、新鮮な気持ちや活力、自発性を忘れないことが大事です。あなたの探求を、精彩に欠ける習慣や、エゴの終わりなき自己改善計画のひとつにしないでください。分離した自己は決して真実を発見できないことを思い出しましょう――最後には結局、真実はあなたを通して、自然に目覚めます。

## 本当に、死ぬ前に死にたいですか?

チベットのスピリチュアルな教師、チョギャム・トゥルンパは生徒たちに、「スピリチュアルな旅に出発する前にもう一度よく考えなさい」と、よく言っていました。というのは、一度出発したら、もう後戻りできないからです。そして、旅を終えたとき、もとの自分はもういないからです。チョギャムと同じ気持ちをこめて、私もあなたにお勧めします。自分自身に、こうたずねてみてください。「無限の存在という、本当の自分のアイデンティティに目覚めるため、今まで大切にしてきたすべてのもの——信念、安全、慣れ親しんだアイデンティティ、自分にとって意味のあるすべてのもの——を喜んで手放すことができるだろうか?」。たとえば、波が、自分は実は海であり、波という姿をとって自分自身と戯れているだけなのだと気づいたら、今までのように「自分はただの波である」というふりをすることはもうできません。

近頃、誰もが、スピリチュアルな目覚めについて、とても楽しい経験であるかのように話しています。瞑想リトリートに参加したり、ヨガをしにインドまで旅行したりするように、目覚めも履歴書に書きこめる素晴らしい体験だろう、というわけです。でも、目覚めは、ひとたび起きるとコントロール不能で、容赦なく、山火事のように辺りのものをすべて焼き尽くしてしまいます。「スピリチュアリティは子供の遊びではない」。ニサルガダッタ・マハラジは警告します。「私の言葉は、聞く者を引き裂く」。結局のところ、あなたは、真実に対して目覚めるのです。真実は、あなたが今まで自分だと信じてきた幻想を打ち砕きます。あなたのこぢんまりとした世界が引き裂かれ、混乱の中で破壊されてしまうことに対して心の準備ができているかどうか、自己発見の旅に出る前に、よく考えたほうがいいかもしれません。目覚めによって人生がひっくり返され、その後、何年もかけて、完全に新しい生き方を学ばねばならなかった人たちを、私はたくさん知っています（目覚めた後の人生をどうやって生きるかについても、この本で取り上げます）。禅では、愛情をこめて、目覚めを「大死」と呼びます。修行者は、「肉体的に死ぬ前に、死ななければならない」と教えられます。

中国には、竜を愛した男の話が伝わっています。男は竜の絵を描き、竜の彫刻を集め、竜に関する書物を手に入る限りすべて読み、竜の専門家として広く知られていました。ある日、本物の竜が辺りをさまよい、男の家の窓に頭を突っ込み、火を少し吐き出しました――男は恐怖に駆られて外に逃げ出し、そのまま、行方がわからなくなってしまいました。目覚めへの関心を深める前に、注意深く考えてください。目覚めは、竜のように恐ろしくて、人生を変えてしまう体験になりえます。それは、あなたを思いもかけない方向に連れていくかもしれません。

## 呼吸と内省のエクササイズ

無限で計り知れない本当の自分のアイデンティティに目覚めるために、今まで慣れ親しんできた自己の感覚や世界観を手放す準備ができているか、しばらく考えてみてください。自分に対して、容赦なく正直になってください。もちろん、ここで決断する必要はありません。どの道、あなたには選択の余地がないのですから。あなたは目覚めるかもしれないし、目覚めないかもしれません。ただ、スピリチュアルな目覚めが人生にもたらす深い変容について、思いを馳せてみてください。

（Q&A）

**たとえ、探求したいと思っていなくても、何らかの形で探求し、情熱的に問いかけることが、本当に必要なのでしょうか？**

もし、あなたが自分の人生に満足していて、それ以上何かを探したいと思っていないなら、ぜひ、今のままのあなたでいてください。あなたにさしあげる処方箋はありません。あなたに自己改善を勧める気もありませんし、あなたを目覚めさせようとしたところで、私に何の益もありません。真実の探求や発見は、義務ではなく選択するものです。人生を、ただ、あるがままに楽しみ、あなた自身でいてください。

◇◇◇

**あなたは、先生からのサポートの大切さを述べられました。でも、どうやって先生を見つければいいのですか？　どうすれば、先生が本物かどうかわかりますか？**

私の先生のジャン・クラインがよく言っていました。「本当の先生に出会ったときは、自然にわかります。その人のそばにいると、自分が自由で自立していると感じられるからです」。これはつまり、先生と生徒という役割に縛られるのではなく、より本当の自分でいられるということです。本当の先生は、教師というアイデンティティにこだわりませんし、自分が完璧であると感じるために生徒を必要としたりもしません。

初めてジャン・クラインと個人的に話をしたとき、彼が自分を教師だと思っていないことに驚きました——実際、自分のことを何者とも思っていませんでした。他の先生とは違い、ジャンは、私を生徒にすることに、何の興味も持っていませんでした。誰かの期待に応えなくてもいいのだと感じて、私はとても愉快な気分になりました。真の先生と共にいると、規則や計画に縛られず、より自由を感じられるのです。

◇◇◇

**スピリチュアルな道において、自分が進歩しているのか、それとも時間を浪費しているだけなのか、どうしたらわかりますか？**

正確なところ、あなたはどこに行こうとしているのでしょう？「道」という考え方をすると、遠くのゴールに向かっているという信念に縛りつけられてしまいます。探求するのをやめて、ただ、あるがままでいてください。修業やテクニックなど、すべきことが何もなく、進歩を測ることもできないので、あなたの心は最初のうち、方向を見失い、いらいらするかもしれません。しかし、あなたの本質という輝ける広大さの中では、行くべき場所も、成し遂げるべきものもないのです。あなたはすでに、いるべき場所にいるのです。何も期待せず、何も変えようとせず、この、時を超えた瞬間を、ただ楽しんでください。そうすれば、目覚めは自然に明らかになってくるでしょう。

目覚めへの呼びかけ

## ウェイク・アップ・コール

### あなたが本当に探しているものは何ですか？

十分か十五分、時間をとって、考えてみましょう。まずは二、三分、目を閉じて、心地よい姿勢で座ります。そして、次の質問を自分にたずねてみてください。「私は何を探しているのだろう？　この探求のゴールは何だろう？　ゴールにたどり着いたと、どうしたらわかるのだろう？　私の人生はどんなふうに変わるだろうか？　『悟った人たちにはあるけれど自分にはない』と私が想像しているものはなんだろう？」。しばらく時間をとって、この質問に思いを馳せましょう。自分に正直になり、何も隠そうとしないでください。おそらくあなたは、静かなる存在や、何も判断しない寛容さを探し求めているでしょう。もしくは、思考や感情に乱されることのない、心を超えた平和や喜びを探しているのかもしれません。

今度は、以下の賢者たちの教えに、思いをめぐらせてみてください。「あなたはすでに、あなたが探し求めている者である」。「本当の自分を発見したり、育てたりする必要はない。あなたが探しているものは、あなたの自然な状態であり、あなたは一瞬たりとも、それから離れたことがない」。さあ、探求を手放し、意識や存在そのものとして、在りましょう。

こういうことを理解しようとしたり、いつものやり方で瞑想したりしないでください。ただ、すべてを手放し、ありのままでいればいいのです。あなたの本質である平安と喜びの中でくつろぎましょう。何の制限もない中立的な存在の目を通して、世界を眺めてみましょう。この静かなる存在が、あなたの目を通して、今、見ているのです。知性が何を言おうと、この事実を変えることはできません。「平安」や「喜び」とか、「無制限」とか「中立的」といった概念さえ、表面的なものに過ぎず、誤解を招きます。ただ、あなた自身でいてください！

立ち上がり、日常生活に戻ってからも、あなた自身であり続けましょう。

# 第3章

# 知識からの解放

しかし、すべての知識は、無知の別の形であるという事実が残る。
最も正確な地図も、ただの紙に過ぎない。

――ニサルガダッタ・マハラジ

私は子供の頃、自分をとりまく世界に対して、飽くことのない好奇心を持っていました。昆虫や花を集め、家の近くの森の中を何時間も歩き回り、時を超えた美と光の次元で、周囲のものとひとつになりました。好奇心に導かれ、学校では、本や新しい知識に夢中になりました。難しい問題を解いて、重要事項を暗記し、先生たちもほどなく私を認めてくれました。私は次第に、こうした成果に得意になり、自分は賢くて知的な子供だと考えるようになりました。六年生のとき、「知識は力なり」というモットーをノートに書きつけたものです。

しかし、大学に入る頃、こうした知識は私が一番欲しいものを授けてはくれないことに気づき始めました。私が欲しいのは、幸せや心の平安、存在することの安らぎなどでした。私が知っている最も頭のいい人たちの中にも、みじめで不幸せな人たちがいました。その中のひとりは、才能ある数学者でしたが、寮から飛び降り自殺しました。私の親友のひとりは、サイケデリック・ドラッグを飲み過ぎて、精神病院に入ってしまいました。各分野における最高峰と考えられていた教授たちでさえ、明らかに自分の人生に満足していませんでした。私が見た限り、彼らは、いろんなことを知っているけれど、その知識の深い源とは何のつながりも持っていませんでした。リア王やバガバッド・ギーターについては、何時間でも語れるけれど、自分自身のハートや魂については何も知らないように見えたのです。

## 知らないことこそ、最もよく知っている

幸運にも私はすでに東洋の叡智、特に禅を探求し始めていました。禅は、鋭い識別の刀で、条件付けされた信念を切り裂き、その下にある生きた真実を明らかにします。せわしない心や、つらい子供時代といった重荷をどうしても乗り越えたくて、私はついに禅の本を脇に置き、瞑想を実践し始めました。人生に関する他の人たちの考えを学ぶ代わりに、人生そのものと親しくなったのです――家の掃除をし、食事を仕度し、庭仕事をし、呼吸を見つめ、他の人たちに瞑想の仕方を教えたのです。

十年後、カリフォルニアの僧院の首座（訳注：修行僧のリーダー）として、在任期間の最後を飾る法話の公案を選ぶよう言われました。私の選んだ公案は、「知る」ということに関する私の考えが深く変容したことを示すものでした。それは次のような公案です。

地蔵禅師は、弟子の文益が旅の支度をしているのを見て、たずねました。「どこに行くのだ？」

「巡礼の旅に出ます」文益は答えました。

「お前の巡礼の目的はなんだ？」地蔵がたずねました。

「知りません」

「ああ」地蔵は言いました。「知らないということこそ、最もよく知っているということだ」

知らないことこそ、一番、親しく知っているのです。どのようなものであれ、概念というものは、今、この瞬間の豊かで親密な経験からあなたを引き離してしまいます。花や昆虫にラベルを付けたり、パートナーや友達を心理分析したり、自分の体を筋肉や骨など、部分に分けて考えたりすると、あなたは、それらをあるがままに見ることができなくなってしまいます。あなたは、知性の理解にもとづいて見ることしかできなくなり、知的な枠組みの中にとらわれてしまいます。こうした枠組みは、絶え間ない川の流れを凍らせて、ひとつの枠の中に押しこめ、川を川たらしめている流れを無視します。このように、概念によって、あるがままのものに覆いをかけると、あなたは人生から切り離され、とり残されてしまったように感じます。ジョン・レノンの言葉を言い換えると、人生とは、あなたがそれを忙しく解釈している間に起こっているものなのです。（訳注：ジョン・レノンの元の言葉。「人生とは、あなたが忙しく何か計画している間に起こっているもの」）

思考を脇に置けば、知る者と知られるものを分離せず、瞬間ごとに人生を直接、深く経験することができます。知性に干渉されることなく、自分の体を内側から感じてみてください。そうすれば、新しい知覚の仕方へと通じる扉をくぐりぬけ、存在そのものをダイレクトに感じることができます。存在とは純粋で、光輝き、主体と客体に分割することのできないものです。神秘主義の詩人ウィリアム・ブレイクは、このように言っています。「知覚の扉が清められれば、すべてのものがありのままに、無限の姿を現す」。聖パウロもこの真実を理解しており、次のように書いています。「今、私たちは曇ったガラスを通して見ているが（つまり、心が思考で曇らされている、ということです）、時が来れば、直接じかに見ることになる。今、私は部分的にしか知らないが、時が来れば、私が神に完全に知られているように、私も完全に知ることになるだろう」(訳注：コリント人への手紙 13:12)。言い換えると、「知る者」と「知られるもの」は分離しているように見えますが、スピリチュアルな輝きの中でひとつに溶け、分けることのできない純粋な「知る」になります。それは存在そのものなのです。

知っているふりをすると、自分の本質との親密さが失われます。それは、自分自身の肌と同じくらい近くにあるものなのですが。事実、知性によって、あなたという存在の真実を知ることは、決してできません――真実とは、とらえがたく、理解することのできないものなのです。しかし、知ろうとして努力することをきっぱりと手放せば、すぐに、真実はおのずから明らかになります。「すべてを忘れなさい」と、ニサルガダッタ・マハラジは言います。「神とは、すべての欲望と知識の終焉である」。

世界中の聖なる書物が、概念的な知識の限界を警告し、神とは言葉で表すことも、知ることもできないものだと指摘しています。しかし、こういった教えにもかかわらず、世界の主だった宗教は、最も基本的な真実を思考によって入念に練り上げ、無数の書物として溜めこんできました。直接的にスピリチュアルな経験をすることを重視する仏教でさえ、何世紀にもわたって蓄積された信念で覆いをかけられています。こうした覆いによって、探求者は曇ったレンズを通してものを見ることを強いられ、自分の道をあれこれ解釈します。私の生徒で、チベット仏教のある宗派で修行していた女性がいますが、そこでは、師への献身と厳しい修行によって悟りに至ることができると教えられていたそうです。彼女は、目覚めの約束に心惹かれましたが、修行を一生懸命、頑張れば頑張るほど、「師への誓いを破ったら地獄の炎の苦しみを受ける」という教えに、心をかき乱されるようになってしまいました。私のもとに来たとき、彼女は地獄の悪夢を見るようになっていました。そして、きっと地獄に行くことになるだろうと恐れていました――彼女はただ、自分の本質に目覚めたいと願っただけなのですが。

## 呼吸と内省のエクササイズ

第1章の終わりでやってみたように、少しの間、初めて世界に遭遇した赤ちゃんのように、部屋を眺めてみましょう。あなたは、自分が見ているものが何なのか、何と呼ばれているものなのか知りません。ただ、形や色、動き、光と影の織り成す戯れに気づくだけです。心に湧き起ってくる考えや信念は脇に置き、見ているものに思考の覆いをかけることなく、無邪気に見続けます。この見方は、あなたにどんな影響を及ぼしますか？

## エゴにご褒美をあげない

どんなに崇高な宗教的教えも、真剣に受け取り過ぎると危険だということを示す素晴らしい話が、ユダヤ教に伝わっています。ある日、ハシディズムの創始者、バアル・シェム・トヴ（「よき名の主」という意味）はいつものように、魂が天界に上昇していくのを経験しました。バアル・シェムはそこで、地上に試練をもたらす天使、サタンに会いました。サタンは身振り手振りを交えながら、本を読み上げました。バアル・シェムは、その本には彼自身のトーラー（訳注：ユダヤ教における神の教え、律法）の説法が含まれていることに気づきました。

天界から地上の自分の体の中に戻ると、バアル・シェムは親しい弟子を呼び集め、彼の教えを書き留めている者はいるかとたずねました。思った通り、ひとりの弟子がおずおずと前に進み出ました。彼の手に握られた小さなノートには、バアル・シェムの口から個人的に聞いた教えが注意深く記録されていました。バアル・シェムはその記録を読むと、ノートを弟子に返して、言いました。「ここに書かれていることには、ひとつも真実はない」。バアル・シェムが言いたかったのは、概念や思考がまちがっているということではありません。ただ、言葉というものは、命のない複製に過ぎないので、原物が本来持っている叡智を伝えることはできず、神を呼び起こすこともできないのです。

ブッダがバアル・シェム・トヴのように戻ってきて、自分の名のもとに書かれた数々の教えや理論書を読み、「これらの教えは歪められており、すでに時代遅れで、命に欠ける」と宣言できないのは、とても残念です。仏教のあらゆる流派が、ブッダの本当の教えに関して異なる主張をしていますが、実際のところ、ブッダの言葉を記録したとされるパーリ語の教典でさえ、本人の死後、五百年以上たってから記されたのです。あなたは先月、自分が言ったことを覚えていますか？　先週、いや、昨日、言ったことだって、ちゃんと思い出せるでしょうか？　「ブッダの言葉」なるものが、五百年の時を超えて僧侶から僧侶へ、何の変更もなしに伝えられたなどということがありえるでしょうか？　ブッダが本当に教えたことなど、誰にわかるでしょうか？　それでも、数多くの人たちが、こういった言葉を仏教の教えとして敬い、それに沿った生き方をしているのです。

誘惑者サタンが、神聖な啓示を指し示す道具に過ぎない言葉から、金の子牛（訳注：旧約聖書において偶像崇拝を表す）を作りあげようとしていたことを、バアル・シェム・トヴは、その叡智によって見抜きます。言葉は偽の偶像として、生きた真実の代わりに崇拝されますが、生きた真実とは、ひとりひとりのハートの中で新たに生まれるものです。同じように、知性は最も素晴らしい教えをも我が物にしようとして、教えが伝える真実を知っているふりをします。しかし、知性は、スピリチュアルな概念という曇ったレンズを通して、現実を見ているだけなのです。

正統的な教えを全部読み、洗練された概念を吸収し、それらを諳《そら》んじることもできるけれど、言葉の背後にある真実を直接体験したことはないという人たちを、あなたもきっと知っているでしょう。そういう人たちは、今まで溜めこんできたスピリチュアルな知識こそ、自分のアイデンティティであると考え、自分は正当だと信じていますが、何も変わっていないかのように苦しみ続けています。もしかしたら、あなたも彼らと同じように、スピリチュアルな概念を扱ってきたかもしれません。

骨董品を集めることに慰めと誇りを見出す人たちのように、教えを集めている善意の人たちで、スピリチュアルな市場はにぎわっています。私の師のジャン・クラインに初めて会ったとき、私は自分が学んだ教えや、読んだ本について話しました。すると、ジャンはにっこり微笑んで、穏やかに言いました。「そういうお荷物は降ろしてしまいなさい」。ジャンは、そうしたスピリチュアルな概念を「エゴへのお菓子」と呼んでいました。なぜなら、こうした概念は、自分にはパワーがあるという偽の感覚を知性に与えてしまうからです。知性は、コントロールすることも知ることもできないものをコントロールできると錯覚し、自分は確かな土台の上に立っていると思っていますが、実際にはそんなものは存在しないのです。このような概念は、「自分はもう知っている」という誤った感覚を持たせるので、あなたの目覚める能力を妨げます。

言うまでもなく、宗教も同じように発展してきました。もともとは、いきいきとした本物の啓示から始まったのですが、世代から世代へと伝えられるにつれて、言葉の背後にあるシンプルで輝かしい真実を体験する弟子がどんどん減り、徐々に本質が失われてしまったのです。時が経つにつれ、宗教はいきいきとした霊的交流から、凝り固まった教義に退化してしまいました。源泉から来るパワーに満ちていたマスターたちの教えも、聖典に刻みこまれた死んだ言葉の集まりとなってしまいました。宗教は、離脱者や無信仰者に対して自己弁護するようになりました。そして、遠い昔、悟りや啓示を得た人たちの絶対的な言葉として、遠くから崇拝されるものになってしまったのです。

## 根本的なスピリチュアリティ

根本的なスピリチュアリティはまったく異なるアプローチをとります。あなたのコレクションに加えるべき新たな信念を提供するのではなく、あなたの一番大切にしている思いこみを切り捨て、すべての概念の生きた源泉を明らかにします。「投げ捨てなさい！」と、ニサルガダッタ・マハラジは言います。「なんであれ、あなたが理解していることは、真実ではない。だから、投げ捨てなければならない」。実際、あなたを本質的な真実から遠ざけているのは、あなたの考えや「物語」なのだと、根本的なスピリチュアリティは説きます。そうした考えや思いこみをリアリティと見なすのをやめ、ただの考えに過ぎないということに気づきさえすれば、あなたは思考から自由になり、広大で輝ける存在に戻ることができるのです。それこそが、すでに、いつでも、そうであった本当のあなたであり、生きたリアリティなのです。思考は決して、それに触れることはできません。「悟りとは、新しいものや能力を得ることではない」。ラマナ・マハルシは言います。「それはただ、すべての見せかけを取り去ることだ」。

バアル・シェム・トヴの例からもわかるように、仏教の師やインドの賢者だけが、思考のお荷物を手放すよう説いていたわけではありません。マイスター・エックハルトや十字架の聖ヨハネなど、キリスト教の神秘主義者たちも、のちにヴィーア・ネガティーヴァ（否定の道）

として知られるようになる教えを説いていました。それは、「神について、何か真実を語ることはできない」という教えでした。なぜなら、神は広大な「空《くう》」であり、すべての概念や知識を超えた存在だからです。「神は言葉を超えており、名前を持たない」。エックハルトはさらに続けます。「あなたが手放せる最も気高いものは、神のために神を手放すことである」――つまり、生きた神のために、概念的な神を手放すのです。しかし、否定の道のマスターたちによれば、あなたは知性を超えて、直接はっきりと神を知ることができるのです。

イエス・キリストもこのように言いました。「富める者が天国の門を通り抜けるのは、ラクダが針の穴を通り抜けるよりも難しい」。イエスは主に、物質的な富への執着について述べていますが、知識や信条への執着についても比喩的に述べています。当時（そして今も）、多くの人が――パリサイ派、サドカイ派、リベラル派、保守派、イスラム派、ユダヤ派など――、溜めこんできた知識が自分であると思っていました。「天の王国に入るには、幼子のようにならなければならない」。山上の教訓において、イエスはこう説いています。つまり、あなたはドグマから解放され、子供のような信頼の心を持ち、無邪気で、オープンで、受容的でなければならない、のです。イエスが説いたのは、スピリチュアルな貧しさと謙虚さです。今、この新たな瞬間に生まれ変わり、洗礼を受けるには、古いものをすべて脱ぎ捨てなければならないのです。

## 原理主義の誘惑

多くの伝統的教えが、その誘惑に負けてはいけないと忠告しているにもかかわらず、スピリチュアルなドグマは非常に魅力的です。スピリチュアルな信条を持つことで、あなたは安心感と慰めを得ることができます。それらがなかったら、この世界は脅威と混乱に満ちているように見えたことでしょう。あなたは、同じ考えの人たちとコミュニティーを作ることもできるし、基本的な原則にのっとって人生を構築することもできます。そして、世代から世代へと伝えられてきたスピリチュアルなエネルギーの流れにつながることもできます。しかし、このプロセスにおいて、あなたは目覚めを直接体験する可能性を手放し、慣れ親しんだフィルターを通して現実を見るようになります。あなたはそのフィルターを疑ったことなどないし、疑う余地もありません。フィルターはあなたを安心させてくれますが、その代わり、スピリチュアルなイデオロギーやドグマを作り上げ、世界に混乱をもたらします。（私は、スピリチュアルな信条そのものに問題があると言っているのではありません。事実、その中には、詩や交響曲のように、人類の想像力による最高の創造物と言えるものもあります。ただ、それを真実と取り違えて執着すると、苦しむことになります）

私はテキサスのオースティンに住んでいるのですが、最近、自宅のそばで開催されるゴスペル音楽フェスティバルのチラシを見て、行ってみることにしました。しかし、到着してみると、実はそれはコンサートを装った伝道集会であったことに、すぐ気づきました。集まっている人たちは、やや閉鎖的な福音派キリスト教会のグループで、定期的に音楽と祈りの夕べを開いていたのです。そこで会った人たちは友好的で親切で、歌も心からの愛と献身に満ちていました。私は特定の宗教に属しているわけではないので、歌詞に出てくるイエス・キリストの名を、心の中でもっと普遍的な神に置き換えながら、会場のいい波動を楽しんでいました。しかし、まもなく、自分たちと同じ保守的な政治的見解を持たない人々への敵意に満ちた歌が演奏され始めました。深い愛の波動が止まることはありませんでしたが、それは今、幾層にも重なった判断と信条というフィルターを通して流れていました。もしあなたが、昔ながらの家族の価値を信じず、共和党を支持せず、そして何より、イエス・キリストを信じないなら、あなたは愛に値せず、地獄に落ちるだろう、というわけです。

しかし、私が何より驚いたのは、彼らが他人を批判していることではありませんでした。彼らは誠実ですばらしい人たちなのに、自分自身に対して、とても批判的だったのです。歌の後につけられる解説から察するに、彼らは悪魔の誘惑に抵抗し、良きクリスチャンであろうと、必死で努力しているようでした。自分たちは生まれながらに欠陥があり、無価値な存在で、自分たちが考えたり思いついたりすることはまちがっている、と彼らは信じていたのです。信仰が救済を約束してくれましたが、それと同時に、自分は罪深いという思いにとらわれてしまったのです。彼らがなぜ宗教的信念にこんなにも固執してしまうのか、私にはよくわかります。もし、こういった信念がもたらす安心感がなかったら、彼らがなんとか乗り越えようとしている不安感や自己不信と、直接向き合わなければならないからです。

## 空虚さを信念で満たす

自分は不十分だから、正しい考え方や信念をとり入れて補わなければならないと信じているのは、原理主義者だけではありません。私が心理セラピストとしてカウンセリングしてきた、ほとんどすべての人が、程度の差はあれ、自分は不十分で無価値だと信じていました。そして、セラピーでは多くの場合、ネガティブな信念をポジティブな信念に変えることで、患者の自尊心を高めようとします。しかし、問題は、どんなに自尊心を高めても、「自分は十分だ」とエゴを完全に安心させることはできないということです。というのも、この分離しているように見える自分（エゴ）は、自分が思考や記憶、感情を寄せ集めて作った構成物に過ぎず、何の実体もないということを、ある程度、知っているからです。ラマナ・マハルシの言葉を借りれば、エゴとは、存在によって「地面に投げかけられた影」に過ぎないのです。エゴが自分を不十分だと感じるのも無理ありません――エゴはそもそも存在しないのですから！

しかし、その発達過程を見ていくと、エゴが発生したのは、子供の頃、「ありのままの自分では不十分だ」というメッセージを受け取ったときだと言えます。愛を勝ち取り、生きのびていくためには、それなりのふるまい方を身につけなければならないというわけです。たとえば、あなたの両親も、よかれと思って、あなたにこんなことを言ったかもしれません。「女の子は怒ってはいけません。いつも明るく親切でいなさい」「男の子は泣いてはいけない。感情を抑えて、がまんしなさい」。そして、あなたが正しくふるまうと、両親は褒めてくれます。その結果、本当はそう感じていないときも、あなたは幸せで強いふりをするようになります。こうして、不適切と見なされた心の内側の経験と、外側の仮面、つまりエゴの間のギャップが大きくなっていきます。もしかしたら、あなたも多くの人たちと同じように、愛を勝ち取って生き残っていくため、自分ではない誰かのふりをすることに生涯を費やすかもしれません。そして、心の奥底で自分は不十分だと感じるでしょう。なぜなら、自分で「こうありたい」と思っているイメージに沿って生きることなど、できっこないからです。

このプロセスは避けられないもので、それ自体は何の問題もありませんが、大変な苦しみをもたらします。多くの人が、心の穴や空虚さを埋めようとむなしく試み、中毒的な行動に向かいます。たとえば、アルコールやドラッグ、抗うつ剤、食べ物、セックス、物質的な所有物、そしてもちろん、スピリチュアルな信念を持つことも、そのひとつです。心の内側の空虚さは、とても恐ろしくて圧倒的なものに見えます。だから、人は、それと対決するのを避けるためなら、自己破壊的行動であろうと何でもします。

スピリチュアルな信念を持つことで、エゴはよりポジティブなアイデンティティを得ることができます。それは心の穴をふさぎ、自分は不十分だという感覚を補ってくれます。あなたはこのように考えるかもしれません。「私はいい人間に違いない。なぜって、私は福音書や、ヨガの賢者の教えや、ブッダの言葉に従っているのだから」。こうした信念をもとにして、あなたは心地よい心の中の世界を、徐々に作り上げていきます。その中心には、高貴でスピリチュアルなあなたがいますが、この世界はファンタジーに過ぎません。それは、新たな構成物、エゴへのお菓子に過ぎず、あなたを本物の目覚めに近づけてくれることは、決してありません。

根本的なスピリチュアリティは、あなたのファンタジー世界の壁を焼き払います。そして、思考の覆いなしに、欠乏感と向き合うよう、あなたを促します。今、この瞬間の意識の光に照らし出されて、分離した自分とは、単なる寄せ集めの構成物に過ぎないことを、あなたは理解するでしょう。感情も、ただの感情に過ぎず、本当のあなたとは何の関係もありません。

本当のあなたは無限のスペースであり、思考や感情もそこから生じるのです。「自分を定義しようとするのをやめなさい」。ニサルガダッタ・マハラジは言います。「あなたが自分について抱いている考えは、どれも真実ではない」。たしかに、内側の空虚さはとても恐ろしいものに見えますが、それは実際のところ、存在の中心で輝く空間、空性を指し示しているのです。何層にも重なった、信念や自己イメージの層を突き抜けていくにつれて、あなたは、もっと深い質問を問いかけたくなるでしょう。そうした問いかけによって、あなたは、輝ける空間を直接体験できるかもしれません。「人生とはいったい何だろう？」「人生の意味は？」「私は何者なのだろう？」（自己問答に関しては、第5章で深く掘り下げます）。

最も正しい非二元でさえ、エゴに利用され、心地よいスピリチュアルなアイデンティティとなってしまう可能性があります。たとえば、スピリチュアルな集まりやリトリートに定期的に参加し、禅やアドヴァイタのマスターたちの本を読み、非二元の専門用語や哲学を語ることができる人たちがいます。（「私は意識である。自己と他者の間に区別はない。分離した自己は存在しない」など）。しかし、そうした人たちは、自分が気づいたことを表現しているのではなく、死んだ言葉を繰り返しているに過ぎません。そういう言葉や信念に執着することで、物事をはっきり見ることができなくなり、最終的には目覚めの障害となってしまうこともありえます。ニサルガダッタ・マハラジが言うように、「最も正確な地図も、ただの紙に過ぎない」のです。

もっと微細なレベルの話をすると、概念的な知識に重きを置くことで、それが伝えようとしていることとは裏腹に、「知る者」の見せかけの堅牢さが強化されてしまいます。「知る者」とは、「私は知っている」と考えている分離した誰かです。「知る者であることをやめなさい」ラマナ・マハルシは言います。「そうすれば完全になる」。私は、生徒たちに、よくこう言います。「私の話を聞いたり、集中コースに参加した後、皆さんがここに来たときよりも『知らない』状態で帰ることを願います」。それから、私の言葉を忘れ、その背後にある真実が、知性の下の奥深い部分で共鳴するのにまかせなさい、と言います。

## 呼吸と内省のエクササイズ

この本に書かれている言葉や概念も、あなたを混乱させ、誤った方向に導くかもしれません。ここに書かれていることを真剣に受け取ったり、しがみついたりしてはいけません。言葉が、ただ、あなたの内側で共鳴するのにまかせ、その後は、忘れてしまいましょう。あなたがこの本を読み終わるとき、読み始めたときよりも無知であることを、心から願います。あなたより「知らない」という状態になっていく過程こそが、叡智に至る道なのです。

## ニューエイジ批判

スピリチュアルな信念について話すとき、ニューエイジをとり上げるのは、意義深いことです。というのも、ニューエイジは、基本的なスピリチュアルな真実を、エゴのために利用しがちだからです。たとえば、ディーパック・チョプラのような作家の本を読んでみると、非常に深いスピリチュアルな原則が、とても明快に書かれています。しかし、途中から、その技法や教えを使って、いかに富を増やし、寿命を伸ばすかという話になります。非二元的な教えが、突然、自己啓発の書に変わってしまうのです。あなたが、もっと健康で豊かになり、いい人になりたいと思っているなら、何も問題はないのですが。

少し前に、友達やクライアントから、『シークレット』という映画を見るよう、強く勧められました。ニューエイジの先生たちが集まって、「引き寄せの法則」として知られる形而上的原則を説明するという内容です。「引き寄せの法則」とは、基本的に、私たちは思考や感情、期待によって自分の現実を作っているという信念です。この、ニューエイジ哲学の中核を成す原則によると、心だけでなく全存在でもって富や健康や幸せを思い描けば、宇宙の協力を得て、必ず欲しいものを手に入れられます。

大まかに言えば、そういうことかもしれませんが、問題は、人生は必ずしもそういうふうには進まない、ということです。もちろん、愛情深く寛大にふるまえば、お返しに愛情と寛大さを受け取る確率が高いのは事実です。でも、この映画の出演者たちが言うように、ただ強く願うだけで、ポルシェや、プール付きの大きな家や、理想の伴侶を必ず手に入れられるものでしょうか？　どうも、そのようには見えません。物質的次元で人生が展開していくとき、あまりに多くの要因がからんでくるので、そのほとんどはコントロール不能です。たとえば、遺伝、家族環境、肉体的限界、過去世からのカルマ、人種、性別、社会経済的状態などの要因があります。私のスピリチュアルな師のひとりは、胃がんで、苦痛に満ちた死を遂げました。別の先生は、幼い娘さんを助けようとして、池で溺死しました。それから、目覚めた美しい友人が、四十二歳の誕生日を目前にして、脳腫瘍で亡くなりました。これらの大変スピリチュアルな人たちは、何かまちがったことをしたり考えたりしたから、このような困難で時ならぬ死を迎えることになったのでしょうか？

健康を思い描くことで、こうした死を避けるか、少なくとも死期を遅らせることができたはずだと主張するニューエイジの教師もいるでしょう。しかし、こうした議論は、ニューエイジにおける罪悪感の問題を浮かび上がらせます。たとえば、あなたがあなたの現実を作っているという議論を押し進めると、もしあなたが何かに苦しんでいるなら、自分が悪いということになります。この論法で行くと、貧しい人、けがや病気の人、孤独な人は皆、よりよい人生をはっきりと心をこめて思い描くことに失敗したという結論に達します。明らかに、ばかげた話です。

それに、あなたにとって何がベストか、誰にわかると言うのでしょう？　あなたは大きな家や、素敵な車、成功したキャリアなどを切望しているかもしれません。しかし、宇宙には、人智を超えた、複雑で神秘的な秩序が働いており、それはあなたが望むものをもたらしてはくれないかもしれません。古いことわざにもあります。「神を笑わせたかったら、自分の計画を話してみよ」。旧約聖書に出てくるヨブは、徳高く裕福で非常に信心深い人物ですが、大事なものをすべて――富、健康、子供たち――を失い、「自分はこんな不運に値しない」と神に向かって嘆きます。すると神は嵐の中に現れ、理解を超えた広大さと深さを示します。ヨブは、このヴィジョンに圧倒されて、畏怖と哀願の気持ちから地面にひざまずきます。「自分にとって何が一番いいことなのか知っているつもりか？」と、神は言っているかのようです。「なんと傲慢な！　私だけが全知全能の力を持ち、人間の心臓を鼓動させ、惑星を軌道上で回転させ、与え、奪い去り、創造し、破壊することができるのだ」。

神という言葉を、意識、存在、タオ、仏性などと言い換えても同じことです。あなたが自分自身だと思っているちっぽけな「私」は、自分にとって何が一番いいのか知らないし、非常に限られた範囲でしか自分の人生をコントロールできません。目覚めるために大事なことは、資産を最大限にし、損失を最小限に抑えることではありません。損得への執着から自由になり、人生が何をもたらそうと、平和で喜びに満ちていることが大切なのです。「引き寄せの法則」を信じると浮かび上がってくる最も深い疑問は、「私の現実を作っているという『私』とはいったい誰だろう?」というものでしょう。本当の自分に目覚めると、最大限の確信をこめて「私の現実の源は私だ」と言うことができます。と言っても、体や心から成る「限られた私」ではなく、広大な存在、タオ、生命の流れとしての「私」です。それは、予想のつかない神秘的なやり方で、絶え間なく創造し、破壊している存在です。この段階まで来ると、人生がもたらしてくれるものこそ、まさに自分が欲しいものだとわかります。なぜなら、本当の自分は人生から分離していないので、人生を他の形に変えたいとは思わないからです。

## 知ることの価値

原因と結果に支配される相対的な世界では、ある種の知識が非常に役に立つことは、言うまでもありません。たとえば、医者や、弁護士、教師、コンピュータープログラマー、機械工といった職業の人たちが職務を果たすには、膨大な知識や情報が必要となります。Eメールに返事をしたり、ネットサーフィンをするにも、それなりのコンピューターの知識を持っていないといけません。その一方で、概念的な知識によって、本当の自分が明らかになることはありません。しかし、探求の旅において、方向を示してくれることはあるでしょう。

概念的な知識は、真実の「幾何学的表現」であると、ジャン・クラインはよく言っていました。つまり、それは、ある土地の精巧な地図であり、概念を超えて、真実のありかをはっきりと指し示します。しかし、最終的に、この地図が連れて行ってくれるのは、目覚めの入り口までです。そこは切り立った断崖絶壁で、目覚めるためには、そこから自分で飛び降りなければなりません——その先は、真実そのものが、時を超えた瞬間、あなたを連れ去り、導いてくれます。目覚めたとき、概念的な知識は、「わかっている」という状態、つまり概念を超えた「生きたハートの知識」の中に溶け入ります。

ラマナ・マハルシは、このことをシンプルに表現しています。「教えとは、火をかき回して燃え立たせるのに使う棒のようなものだ。いったん、火が燃え上がったら、もう棒は必要ないから、炎の中に投げこんで、棒も燃やしてしまえばいい」。だから、このような本の役目も、あなたのハートの中の真実に火をつけ、燃え上がらせることにあります。しかし、最後には、どんなに正しい概念もすべて手放し、深まりゆくハートの叡智の中に消え入らなければなりません。

（Q&A）

**「知らない」ということと、精神的混乱や無気力の違いはなんですか？　瞑想していると、ときおり、時間が一瞬のうちに過ぎ去って、霧の中で迷子になっていたかのように、何も思い出せないことがあります。**

私が言う「知らない」という状態は、混乱や無気力とは、まったく異なります。それは、明快ではつらつとした状態です。概念の覆いに曇らされることなく、あるがままの経験に気づき、目覚めている状態です。「知らない」とは、知性を超えた無限の広がりです。一方、混乱と無気力さは、移ろいゆく心の状態に過ぎません。瞑想するときは、あるがままの、この瞬間を観察しましょう。やって来ては去って行く心の状態にも、気づいてください。ちなみに、今、自分が経験していることと一体になり、分離したちっぽけな「私」が消えたとき、瞑想中の時間があっという間に過ぎ去るように感じることがあります。

◇◇◇

**私は、思考や信念よりも、感情に同化してしまう気がします。私の場合、根本的なスピリチュア**

**リティをどのように活用できますか？**

もし、自分を感情に同化してしまうようなら、信念や思考の場合と同じく、感情もフィルターとして働き、人生を直接体験するのを妨げます。感情のほうが思考より信頼できるとする流派もあります。しかし、感情のほとんどは、子供の頃に条件付けられた反応パターンや、「人生とはこうあるべき（もしくは、こうあるべきではない）」という根深い思いこみにもとづいています。もし、気が向いたら、感情の下に埋もれている考えや物語を掘り出してみてもいいでしょう。いずれにせよ、「知らない」ということは、感情と思考、どちらのフィルターも通さずに、人生をはっきりと見ることを意味しています。もちろん、感情も思考と同じく、ひとりでに、やって来ては去って行くものですから、あなたが自分をそれに同化しない限り、何の問題もありません。

◇◇◇

**スピリチュアルな信条をすべて捨ててしまったら、行動を導く道徳的指針がなくなってしまうのではないかと心配です。道徳的原則があれば、自分勝手なふるまいを防げるのではないですか？**

日常レベルの相対的な世界では、道徳的原則は私たちの行動を導き、社会の秩序を維持するのに役立つでしょう。しかし、長い目で見ると、そういった原則のもととなるスピリチュアルな信条は、苦しみをもたらすことのほうが多いようです。そうした信条は、「私たち」と「彼ら」、「善」と「悪」、「救われた者」と「地獄に落ちた者」といった区分を生み出し、ありのままの世界と対立し続けます。どんなに慈悲深く高尚な信条も、あるがままの人生の神秘から、私たちを引き離すだけです。もがいたり争ったりせず、信条を脇に置いて、人生を直接経験するようにすれば、もっと自然に人生に対応できるようになります。そういうふうに自然に対応するとき、私たちは本質的に優しく、思いやり深く、道徳的にふるまうものです。だから、スピリチュアルな世界観や信条を維持する必要はないのです。しかし、あなたが自分のスピリチュアルな信条に愛着を感じているなら、それを切り捨てなさいと言うつもりはありません。ただ、自分の信念をよく観察し、それがどんな影響をあなたに及ぼしているか見てみるといいでしょう。

## ウェイク・アップ・コール《目覚めへの呼びかけ》

**もし、スピリチュアルな信条がなかったら、私はどうなる？**

この探求のために、十五分から二十分ほど、時間をとってください。あなたが一番大切にしているスピリチュアルな信条をリストに書き出してみましょう。最初のうちは、なかなか信条を見つけられないかもしれません。というのも、あなたはそれを、ただの信条ではなく、真実だと考えているからです。しかし、どんなに本当らしく見えても、言葉にすることができる考えや解釈は皆、ただの信条に過ぎず、疑いを免れえないのです。

それでは、あなたのリストのうち、重要な信条を五つ選び、次のような問いかけをしてみましょう。

・この信条が真実だと、私は本当に知っているのだろうか？
・この信条に執着することで、自分にどのような影響があるだろう？

・この信条にもとづき、他人にどのように接しているだろうか？　自分自身には、どのように接しているだろう？

・体はどのように感じているだろう？　より軽やかで、広々と感じているだろうか？　それとも、重たく、ぼんやりとして、しめつけられるような感じがするだろうか？

・この信条によって、私は何から自分を守っているのだろう？（それは、心の内側の空虚さとか、欠乏感とか、原因不明の恐れかもしれません）

・私が作り上げたスピリチュアルなアイデンティティにとって、この信条はどのように役立っているだろう？

・もし、この信条がなかったら、私はどんな人間になるだろう？　私の人生はどんなふうになるだろう？　私はどのように感じるだろう？　自分や他者に対して、どのように接するだろう？

これらの質問を、それぞれの信条に対して、順番に問いかけてみましょう。そして、その答えが、自分にどんな影響を及ぼすか、観察してください。

# 第4章
# 「今、ここに在ること」の実践

あなたがいないとき、あなたは存在する。

——ジャン・クライン

禅を学んでいた最初の頃、私は三人の素晴らしい師と時を過ごす機会に恵まれました。西洋で最初に禅を教えた人々のひとり、鈴木俊隆老師。鈴木老師が、カリフォルニアのビッグ・サー海岸の近くに、タサハラ禅マウンテンセンターを設立するのを助けた知野（訳注：乙川）弘文老師。西洋で最初の仏教大学（訳注：ナローパ大学）を創設したチベット人のチョギャム・トゥルンパ師。これら三人の師匠は、言葉と共に、沈黙の存在の力によって教えてくださいました。現代の欧米人のニーズに合わせて、伝統的形式を変えることも厭わず、それぞれ三者三様に、反逆者であられました。特に弘文老師から、「自分自身の道を見つけ、伝統に縛られてはいけない」と命じられたのですが、現在、私も自分の生徒たちに、この言葉を伝えています。「仏教徒と名乗ってはいけない」と、弘文老師はよく言っていました。

弘文老師とトゥルンパ師は仲が良く、共に書家でありましたが、ある昼下がり、共通の友人の家でお茶を飲み、お互いの作品を分かち合うことにしました。そこには、弘文老師の弟子も何人か同席していました。ひとりが見ている傍らで、もうひとりが大きな紙を広げてひざまずき、スピリチュアルな叡智の言葉を優雅に筆で書き上げ（トゥルンパ師はチベット語で、弘文老師は日本語で）、そして、自分が書いた言葉を翻訳します。ひと息つくと、役割を交代して、同じことを繰り返します。ふたりはお互いに、相手の書いた言葉に応答し、まもなく、このやりとりは、遊び心に満ちた仏法合戦のようになってきました。このような、教義に関する儀式化された討論は、禅でもチベット仏教でもよく行われています。

トゥルンパ師はいつものようにスーツとネクタイ姿でしたが、身を乗り出すと、「マインドフルネスこそ、すべての仏の道」という言葉を書きました。これは、「一瞬、一瞬を心に留め、気づいている」という伝統的な仏教修行の基礎を説く言葉です。弘文老師はひらめく法衣の袖を脇にたくしこみ、大きな筆に墨を含ませると、ひと呼吸置いてから、茶目っ気たっぷりに華麗な筆さばきで、「グレート・ノー・マインド」（訳注：大無心）と書き上げました。部屋にいた皆が、爆笑しました。

友愛の情をこめつつ、相手をからかって出し抜くというエピソードは、禅の逸話にもよく出てきます。このふたりのやりとりも、その古典的な例と言えますが、それだけではなく、スピリチュアルな発達に関する、ふたつの根本的に異なる考え方を示しています。伝統的な仏教では、瞬間ごとに注意深く気づいている練習を一生懸命行い、分離した自己の幻想を見抜くのに必要な鋭い洞察力を徐々に養っていかなければなりません。この過程において、忍耐や慈悲といった肯定的な資質を養い、怒りや恐れのような望ましくない資質を最小限に抑えるか、もしくは完全に取りのぞいていきます。マインドフルネス瞑想（訳注：気づきの瞑想）を十分におこない、徳を積むことで、徐々にブッダへと変容していくのです。

しかし、禅のようなダイレクトなアプローチの観点から見ると（禅がいつもダイレクトなアプローチをとるわけではありませんが）、あなたは、あるがままですでにブッダなのです。あなたは生まれながらに輝ける無限の仏性であり、弘文老師が「大無心」と呼んだものであり、瞑想はそれを表現する機会なのです（ちなみに、弘文老師とトゥルンパ師は、この問題に関して対立しているわけではなく、それぞれの見解をお互いに高く評価していました）。このふたつの見解の違いは、無数の公案や逸話に表れています。たとえば、次のような中国の唐の時代の話について考えてみましょう。南岳老師は、弟子の馬祖が何時間も熱心に瞑想を修行しているのを見ました。老師は、若い弟子のふるまいに、ある種の野心と成果主義のようなものを感じとりました。そこで、老子は弟子の背後に忍び寄ると、「何をしているのだ？」とたずねました。

「私はブッダになろうとしているのです」馬祖は得意げに答えました。

すると、南岳は石を拾い上げて、僧院の床のタイルにこすりつけ始めました。

その音を聞き、馬祖はたずねました。「何をなさっているのです？」

「タイルを磨いて、鏡を作っているところじゃ」と南岳は答えます。

こういう話によくあるように、馬祖は、師の言葉を聞いて、悟ります。タイルはタイルであって、これから鏡になるわけではないように、あなたもすでに、今までずっとあなたであったのであり、あなたになるために修行する必要などないのです。

## マインドフルネスの限界

弘文老師とトゥルンパ師のやりとりは、心（マインド）に対する、ふたつのまったく異なるアプローチも示しています。マインドフルネスの修行は、スピリチュアルな道としてだけでなく、ストレスを減らして健康を増進するテクニックとして、最近、欧米でとても人気があります。マインドフルネスでは、一瞬ごとに変化し、広がっていく経験に対して、きめ細やかな注意を向けますが、その注意深さはネズミを追いかけるネコや、新生児の面倒を見る母親に、よくたとえられます。数カ月から数年、定期的に練習すると、心は過去や未来にとらわれなくなり、今、この瞬間の経験に集中できるようになります。

しかし、このように細かく経験に注意を向けると、骨を折って努力するようになる危険性があります。それに、マインドフルネスという名が示すように、マインドフルであろうとして（訳注：注意深く気づいていようとして）、現実を遠くから見下ろしている「分離した自分」がいるという幻想を強めてしまう危険性もあります。実際、マインドフル（mindful）とはマインド－フル（mind-full）、つまり心（マインド）がいっぱい（フル）ということであり、「観察している心」にばかり、注意とエネルギーが集中してしまいます。これは、主体と客体、自分と他者といった区別を強めることになり、目覚めとは反対の方向に向かってしまいます。心（マインド）は注意深くあることに熟達し、自分は瞑想の達人だと思いこむかもしれません。しかし、本当の瞑想というのは、心（マインド）とは何の関係もなく、常に起こっているものです。それは、作り出せるものではなく、ただ起こるにまかせるしかないのです。

私は、何年間も座布団の上で自分の呼吸に注意を向ける努力をした結果、一度に何時間も集中して坐禅できるようになりました。しかし、私の坐禅は枯れ枝のように、干からびて命に欠けたものになってしまいました。何のひらめきもなく、目覚めることもなく、まったく自発性がありませんでした。「初心者の心には、多くの可能性がある」と鈴木老師は言っていました。「専門家の心には、ほとんどない」。修業を始めた頃は、私も初心者の心を持ち、そこから喜びや活気を得ていました。しかし、瞑想の専門家になる過程で、私の心はだんだん堅苦しいものになり、初心者のいきいきとした無邪気さやオープンさを失ったのでした。

あるリトリートに参加したときのことです。私はいつものように注意深くあろうと努力していました。しかし、突然、こうしたプロセスのすべてが、おかしく感じられて、笑い出してしまったのです。ここに私の心があり、一生懸命、瞑想しようとしています。しかし、その間もずっと、私は非常に深い静けさに抱擁されているということが、直感的にわかりました。ずっと続けてきた瞑想の習慣が、古い皮のようにはがれ落ちました。そして、「今」というものは、直接的で、瞬間的で、ありのままのものだということがわかりました。私はもう瞑想する必要はありませんでした。瞑想は、常に起こっていたのです。だから、私は瞑想しようという努力を手放し、ただ瞑想に参加するだけでいいのです。行くべき場所もないし、すべきこともないし、何の奥の手もありません。あるのは、分割することも、言葉で表すこともできない「今」だけです。たとえほんの一瞬でも、私の心はやっと、何かしようとすることを諦めたのです。こうして私は、真の瞑想の入り口に偶然、たどりつきました。

ついに自分の本質に目覚めると、私はこれまでを振り返り、あることに気がつきました。修業を始めた頃の無邪気でオープンな意識こそ、すべてを含む広大な意識と同じものだったのです。そして、のちのち、その広大な意識が、私を通して、自分自身に目覚めたのです。この、分割することのできない、ひとつの意識こそ、すべての瞑想が目指す自然な状態であり、私が例のリトリートの最中に偶然、発見した深い静けさでした。それを作り出したり、発達させることはできません。それは、今までずっと私の目と耳を通して、見たり聞いたりしていた意識そのものなのです。しかし、私は、非常に遠回りの道を通って、それを発見しなければなりませんでした。私は何年もマインドフルネスの修行をして、「大無心」を見つけようとしましたが、逆説的なことに、それがなかったことなど一瞬もなかったのです。

## 「今、ここに在ること」を練習する

私が最終的に気づいたのは、心（訳注：マインド、知性）は決して瞑想できないということです。上手に真似することはできるかもしれませんが。心は常にコントロールを保とうとし、本を読んだり、修行に励んだりして、皮肉なことに、自分自身を「鎮め」ます。しかし結局、心が作り出そうとしている状態は――静けさであれ、平和であれ、慈悲であれ、洞察力であれ――心の活動の一パターンでしかありません。それは、あなたの本質である真の平和や静けさとはなんの関係もないのです。真の静けさとは心を超えたものであり、あなたはそれに気づくことはできますが、それを発達させることはできません。「あなたは意識である」とインドの聖者ラマナ・マハルシは言いました。「意識はあなたのもうひとつの名前である。あなたは意識なので、それを手に入れたり、育てる必要はない」。言い換えると、あなたは、すべてを迎え入れるスペースであり、その中で、リアリティは自らを表現します。このスペース、つまり意識なしに、なにものも存在できません。

呼吸など、感覚的経験に注意をはらう代わりに、私は「今、ここに在ること」の練習をお勧めします。これは、瞑想中でも、日常生活でもできることです。レーザー光線のように、あなたの意識をある特定の物体や活動に集中させるのではなく、意識を大空のように開きましょう。そして、大空が、そこに生じる雲を歓迎するように、意識の中に生じてくる経験を歓迎しましょう。無視することもなく、かといって、それに浸ったりもせず、ただ歓迎します。集中はせず、リラックスして、手放します。コントロールしようとしたりせず、すべてをあるがままに受け入れます。あなたは注意深いけれど寛いでおり、完全に今、この瞬間に存在していますが、何にもしがみついていません。ラマナ・マハルシが言うように、あなたは「存在」を作り上げることはできません。それはあなたそのものなのですから。あなたはただ脇にどいて、それが起きるのにまかせればいいのです。いかなる努力も、心による介入に過ぎません。この練習をすると、最初のうちは混乱し、不快に感じるかもしれません。心はリラックスして手放すことより、集中したり、何かにしがみつくことに慣れているからです。そして、未知の世界の不安を受け入れるより、自分がよく知っている安全な世界にとどまろうとするのです。

私のアドヴァイタの師、ジャン・クラインは、クラシックのヴァイオリン奏者でしたが、「今、ここに在ること」を「聞くこと」にたとえていました。音楽を聞くとき、意識は自然に広がり、受容的になります。何かを見るとき、心は対象物に集中し、しがみつこうとしがちですが、音楽を聞くときは、そうではありません。特定の音を選んだりせず、自分を開いて、ありのままを受け入れます。「開かれた状態であることに、自分を開きなさい」と、ジャンは、よく言っていたものです。この、完全に開かれて受容的であるという状態は、意識そのものの性質です。意識は、抵抗したり選り好みしたりせず、すべてを歓迎し、受け入れます。やがて、「今、ここに在ること」は、練習したり、意識的に取り組んだりするものではなくなります。それは自然に、意識の中に、無条件の存在の中に、消え去ります。「今、ここに存在する誰か」という分離した自分もいません。「それは砂漠の中にひとりきりでいるようなものです」とジャンは言いました。「最初のうち、あなたは、音がないという状態に耳を傾け、それを沈黙と呼びます。それから突然、あなたは静けさという存在にとらえられ、聞くことそのものと一体になるでしょう」。今、ここに在ることを練習すると、最終的に、聞く者という分離した自己はいないと気づきます。「あなたがいないとき、あなたは存在する」と、ジャンはよく言っていました。

もちろん、仏教のマインドフルネスの修行も、同じところを目指しています。しかし、それは、微妙な心のコントロールを強めてしまう可能性があります。私の友達は、長い間、禅を学び、アレキサンダー・テクニーク（姿勢と呼吸に働きかける精妙なワーク）の先生もしていますが、最近、こんなことを言いました。「呼吸に注意を向けるという、仏教の中心的な修行法が本来目指していたのは、呼吸を手放し、自分が呼吸をしているのではないと気づくことだ。私たちは実際、呼吸されている――つまり、あるのは呼吸だけで、『呼吸している者』という分離した自分はいないのだ」。鈴木老師の言葉を借りると、「私」とは、息を吸ったり吐いたりするたびに動く回転ドアに過ぎない、ということになります。しかし、現実には、マインドフルネスの修行は、分離した個人が、いかにマインドフルであるかを競い合うコンテストのようになってしまいがちです。

## 呼吸と内省のエクササイズ

まずは、数分間、静かに座りましょう。意識を大きく開いて、そこに生じるものを、判断したり抵抗したりすることなく、すべて受け入れましょう。自分の経験をコントロールしたり、変えようとしたりせず、あるがままにまかせましょう。あなたはリラックスしているけれど、よく気がついています。今、この瞬間に存在していますが、どこにもしがみついてはいません。こんなふうにリアリティを経験するのは、初めてのことかもしれません。数分間、沈黙の存在の中にくつろぎましょう。この経験が自分にどんな影響を及ぼすか、観察してください。

## 瞑想すべきか、否か

禅や、ゾクチェン、アドヴァイタなど、ダイレクトなアプローチの歴史を通じて、瞑想の相対的なメリットについての議論がなされてきました。その答えの一端として、「あるがままのあなたは、すでに輝ける本質の完璧な表現である。だから、意図的に瞑想することは、すでにそうである本当のあなたから、あなたを遠ざけることになる。そして、達成しなければならないゴールや、瞑想する者がいるという幻想を強化してしまう」と主張する人たちがいます。その一方、相対する答えとして、「あなたはすでに、ありのままで完全だが、そのことに気づくには、瞑想する必要がある」と主張する人たちもいます（このパラドックスに関しては、第1章を参照ください）。現在、筋金入りのアドヴァイタ論者の多くは、いかなる修行も、修行を「する人」という存在しないものを作り上げてしまうので、目覚めに反すると考えています。一方、熱心な禅の修行者の多くは、定期的に瞑想することが悟りには必要不可欠だと考えています。

この長年にわたる議論の最も有名な例は、中国禅宗の第六祖、慧能《えのう》の逸話に見ることができます。慧能はもともと南部辺境の無学な木こりでした。しかし、まだ出家もしていなかったのに、金剛般若経の一節を聞き、若くして悟りを得ました。それは次のような一節です。「どこにもとどまることのない心を養え」（訳注：応無所住而生其心）。第五祖、弘忍《こうにん》は、若き慧能の並外れた明晰さをすぐに認めましたが、慧能は新参者として薪を集めたり、食器を洗ったりして、台所で下働きしていました。弘忍は、慧能の悟りを認めて、寺の上下関係を混乱させたくなかったのでした。やがて、弘忍は弟子たちに、自分の見解を詩にして提出するよう言いました。このコンテストによって、真の後継者が明らかになることを願っていたのです。首座（訳注：修行僧のリーダー）は次のような詩を書いて、僧堂の壁に貼りました。

身は菩提樹（訳注：体を菩提《悟り》が宿る樹にたとえている）
心は輝く鏡
たゆむことなく磨き
塵や埃を寄せつけてはならない

（訳注）身是菩提樹
心如明鏡臺
時時勤佛拭

莫使有塵埃

この詩が意味するのは、定期的に瞑想することで心を磨き、私たちの本質を曇らすネガティブな感情や習慣的パターンを拭い去らなければならないということです。

若き慧能は、ひとりの僧がこの詩を繰り返し読み上げているのを聞いて、そこに表現されている境地は不完全であることに気づきました。そして、次のような詩を、誰かに頼んで書いてもらい、張り出しました。

菩提樹などない
鏡を乗せる台もない
すべては空で、何もないのに
どこに塵やほこりが寄せつけられるのか

（訳注） 菩提本無樹
明鏡亦非臺
本來無一物

これはつまり、あなたの本質はもともと空《くう》で清浄なものだから、一瞬たりとも曇らされることはないということです。それなら、瞑想などする必要がどこにあるのでしょうか？　この詩が、第五祖、弘忍に認められたことは言うまでもありません。弘忍は密かに、慧能を次の後継者に任命しました。

もちろん、多くの教師たちが、この両方の見方を受け入れています。「あなたの本質という秘密は、隠されてなどいない。でも、あなたが自分でそれを見つけない限り、依然として秘密なのである」と、逆説的に考えているわけです。「タオ（道）とは基本的に、完全で、いたるところに存在しているものだ。それなのに、どうして修行したり、悟ったりしなければならないのか？」と、道元禅師は七百年以上前に言っています。しかし、あなたの心が執着や選り好みにわずらわされているうちは、瞑想することで「退歩して、光を内側に向け、本当の自分を照らし出す」（訳注：回向返照）ことが必要だと、道元は勧めています。

二〇世紀のインドの賢者ラマナ・マハルシは、本当の自分だけが存在しており、分離した物体は、意識が戯れに作り出す幻想に過ぎないと言っています。この見方からすると、修行する必要も、どこかに行く必要もありません。「何を、そして誰が超越するのだ？」と、ラマナはよく言いました。「あなただけが存在するのだ」。しかしラマナは、ほとんどの人が自分の本質を理解できずに苦しんでいることを知っていたので、探求者の成熟度や必要に応じて、さまざまな修行法を教えていました。たとえば、静けさの中に座り、自分は誰か問いかけるという修行が向いている人もいますが、祈りやマントラの詠唱のほうが向いている人もいます。すでに目覚めの入り口まで来ている、ごく少数の人に対しては、ラマナはただ言葉や、存在そのものの深い静けさによって、直接、真理を指し示しました。

ジャン・クラインは、瞑想を習慣にしてはいけないと、生徒たちに助言しました。その代わり、日常の喧騒の背後に常に存在している本物の静けさが、徐々にあなたを引き寄せるのにまかせなさい、と勧めました。「静けさの誘いに引き寄せられるとき、あなたは、もっとそれを探求するよう、呼びかけられているのかもしれません」。そうでなかったら、瞑想は、一時的な心の状態を呼び起こすに過ぎません。ある意味、強制的に心が鎮まりますが、始まりも終わりもない不変の静けさではないので、瞑想が終わると同時に、その状態も終わります。ジャンは、瞑想を実験室にたとえました。あなたは静けさに誘われて、実験室に入りますが、あなたの目的はただひとつ、瞑想する者を発見することです。定期的に瞑想しようと努力すると、未来の結果を期待するようになり、瞑想者という架空のアイデンティティを強化してしまうだけです。瞑想者とは、思考や感情、イメージ、記憶によって作り上げられた想像の産物に過ぎないということが最終的にわかれば、もう実験する必要はありません――目覚めは、今、起きている現実になったのです。

私としては、ニサルガダッタ・マハラジの言葉を繰り返します。「あなたがしていることをしなさい。していないことは、しないことだ」。もし、あなたが静かに座りたいと思うなら、その衝動を尊重します。そして瞑想に興味がないなら、する必要ありません。いずれにせよ、瞑想すべきだと思うから瞑想するのはやめましょう。そして、知性が自分の選んだ道を説明しようとして作り出す物語や信条に注意をはらいましょう。実際、分離した「瞑想者」とは、瞑想についてあなたが自分自身に語る物語の登場人物です。たとえば、あなたは「さあ、瞑想できた。私はとてもよくやっている」とか「どうやって瞑想したらいいのかわからない。これでは目覚められないだろう」といった物語を自分に語ります。もしかしたら「私はもう瞑想を超越したから、もう練習する必要はない」などと語ったりするかもしれません。結局、こうした物語に執着することで、あなたは真の瞑想や、すべての言葉の下にある深い沈黙から切り離されてしまうのです。「悟りはすでにある」と、ラマナ・マハルシは言います。「しなければならないのは、私は悟っていないという考えを取りのぞくことだけだ」。このような考えや物語は、「真の自分」という神秘的で計り知れぬ海の表面で、起こっては消える波のようなものです。波を取りのぞく必要はありません。ただ、あるがままの波を見つめ、瞑想しようがしまいが――海の中に飛びこみましょう！

### 呼吸と内省のエクササイズ

この本を閉じて、いつもの生活を始めるとき、静けさに誘われるままにしてください。心が何の理由もなく停止したら、思考と思考の間にある静けさと、意識的にひとつになってみます。心を再び何かで満たそうとせず、静けさが広がっていくのにまかせましょう。この静けさは、あらゆる喧騒の下にいつでもあります。その存在を感じたら、ちょっと仕事の手を休めて、それを楽しみましょう。

## 自分の上に自分を置く

すでにお気づきのように、私は瞑想という言葉を、ふたつの意味で使っています。ひとつ目は、静かに座って、今、この瞬間にありのままに存在することを、意図的に練習するという意味です。それから、もうひとつは、すでにいつでも起こっている無制限の意識、つまり、存在の自然な状態という意味です。最終的に、いかなる技巧も努力もなしに瞑想することができれば、そのとき、個人は他者の中に溶け入り、主体と客体という区別は消えてなくなり、存在だけが残ります。この分けることのできない非二元的な存在が、あなたの真の状態なのです。それはいつでも、今、ここにあります。そして、それに目覚めるには、努力せずリラックスして静かに座るのがいいというのが、何世紀にもわたる教師たちの共通した意見でした。

複雑さという点から言えば、座るというのは、とても簡単なことです。しかし、それは決して簡単なことではありません。というのも、知性は、どんな簡単なことも複雑にしたがるからです。実際、禅の「ただ座る」という修行（訳注：只管打座）は、仏教における最も高度で洗練された修行だとされていますが、その理由は、それがあまりにも簡単だからです。この修業については、この章の「今、ここに在ること」に関して述べた部分で説明しましたし、章の最後の「ウェイク・アップ・コール」のコーナーでも、手順を説明します。しかし、ここで、素晴らしい教えの言葉をいくつか紹介するのも、意義のあることと思います。これらの言葉は長年にわたって、私の心を揺り動かしてきました。最終的には、どの言葉も皆、同じことを指し示していますが、それぞれの言葉を私の注釈と共に読みながら、どれが一番深く、あなたの心に響くか観察してみてください。

・「どこにもとどまることのない心を養え」（金剛般若経）

無制限の存在を最も明確に説明した言葉のひとつです。この仏教の経典の中の有名な一節は、禅において高く評価されていますが、読むうちに、自然に空中分解していきます。つまり、この一節は、次のようにシンプルに読むことができます。「養うことなどない、心もない、とどまるということもない、『どこ』もない」これだけです！　心がどこにもとどまらず、しがみついたりしないとき、リアリティは自由にありのままの姿を現し、苦しみや抵抗も終わりを遂げます。その結果が真の瞑想です。

・「動じることなく、自分の上に自分を置いて、落ち着かせる」（片桐大忍）

これは、私がまだ僧侶だった頃、ある指導者から教えられた言葉ですが、合理的な心では理解することができません。しかし、この言葉は、深く静かで、ゆるぎない瞑想を呼び起こします。実際、自分が自分の上に落ち着いたとき、自分は消え、リアリティがありのままに花開きます。自身の瞑想修行において、片桐老師はこの言葉の真実を体現していました。

・「考えない、分析しない、内省しない、意図しない、修養しない。ただ、ありのままにまかせる」（ティローパ）

この偉大なチベットのマスターは、テクニックではなく、否定を通して教えました。当時は（今でもそうですが）、瞑想するとき、あれこれ意図しがちでしたが、ティローパは基本的に、心がたくらむことを実行してはいけないと諭しました。瞑想が自然に起きるよう、自分はちょっと脇にどくことを勧めたのです。水をひっかき回すのをやめれば、池の中の澱《おり》はやがて底に沈んでいくように、心もそのままにしておけば、自然に落ち着きます。

**・「あなたがすべきことは、自分の源を見つけ、そこで自分の司令官となることだけだ」**

（ニサルガダッタ・マハラジ）

もちろん、これは、言葉で言うほど簡単なことではありません。自分の源を見つけるというのは、本当の自分に目覚めるのと同じことです。しかし、一度、自分の源を垣間見ることができたら、できる限りそこにとどまっていてください。瞑想しているときだけでなく、一日を通して、そこにとどまりましょう。自分が理解したことに沿って、一瞬、一瞬を生きてください、とジャン・クラインは言っていました。アジャシャンティは、あなたが見つけた真理に奉仕しなさい、と言っています。

・「真の瞑想では、意識であることが重視される――対象を意識し、気づいていることではなくて、根源的な意識そのものであることが重視される」（アジャシャンティ）

リラックスして、すべてをありのままに受け入れると、対象に意識を固定してしまう傾向も和らいできます。そして、意識は自然と、自分自身に気づくようになります。ある意味、真の瞑想とは家に帰ることです――あなたは、そこが自分の家だとすぐにわかります。全身の細胞と組織が自分を手放し、ほっとリラックスできるでしょう。

## 瞑想のエネルギー論

今、ここに在る練習とは、抽象的なもののように思われるかもしれませんが、本当のところ、それはとても感覚的なもので、肉体的な体験に心から注意を向けることも含まれます。実際、概念的な覆いに曇らされることなく、物事を明らかに知覚すると、エックハルト・トールが言う永遠の「今」につながる強力なポータルがもたらされます。イギリスの神秘主義者で詩人のウィリアム・ブレイクの言葉をもう一度繰り返すと、「知覚の扉が清められれば、すべてのものがありのままに、無限の姿を現す」のです。

意識が清められて明晰になり、自然と、それ自体に落ち着くようになると、はっきりとわかるエネルギー的体験や肉体的体験が起きる可能性があります。意識の場所（あなたの意識が安らぐ場所）が額（大脳皮質があるあたり）から後頭部に移り、やがて体のもっと下のほう、通常、ハートか丹田（へその5～6センチほど下にある体の重心）に移っていきます。あなたはだんだんと、頭で考えるのではなく、ハートや腹から行動するようになるでしょう。また、エネルギーのほとばしりが背骨を上昇するのを体験するかもしれません（クンダリーニの上昇）。もしくは、もっと繊細で、非常に心地よいヴァイブレーションを全身で感じるかもしれません（至福体験）。静かに座っていると、何の重さや不快感も残さずに、思考や感情が通り過ぎ、解き放たれていくのを感じるでしょう。そして何よりも、前ほど内面的な経験にとらわれなくなっていることに、だんだん気づくでしょう。以前のようにストレスや緊張を感じることがなくなり、もっと軽やかで広々と感じ、安らかで愛情深くなりますが、それと同時に自由でこだわりがありません。

しかし、こうしたエネルギー的経験を、実際以上のものとしてとらえないよう注意してください。それは、ただの経験に過ぎず、必ずしもスピリチュアルな目覚めが起きたことを意味するわけではありません。また、本物のエネルギー的経験は、作り出せるものではないことにも注意してください。そうした体験は、「存在」が自然と明らかになるにつれて、ひとりでに起きるものです。

結局、瞑想とは、この上なく簡単なものです。ただ座って、すべてをあるがままにしておけばいいのです。心を鎮めようとしたり、瞑想を「起こそう」としたりして、あれこれ画策しても、真の瞑想の自然な状態を妨げるだけです。「疑うことなく、ありのままのあなた自身でいなさい。それがあなたの自然な状態なのです」と、ラマナ・マハルシは言いました。この叡智に満ちた言葉は、それ自体がすべてを語っています。しかし、ラマナが言う「あなた」とは、何の例外もなく、すべてのものを含んでいることを覚えておいてください。最終的に、「あなただけが存在している」のです。

(Q&A)

**あなたは、マインドフルネスの修行を厳しく批判しました。でも、マインドフルネスの修行は、「今、ここに在ること」の下準備になるのではないですか?**

そうかもしれません。でも、なぜ、下準備が必要なのでしょう? ただありのままに、今、ここにいればいいのです。それはとても直接的なことなので、何の準備もいりません。

◇◇◇

**でも、どうやって心に働きかけ、落ち着かせたらいいのかわかりません。**

心を落ち着かせなければならないという考えも、瞑想の漸進的アプローチがもたらす、スピリチュアルな信条のひとつに過ぎません。それは、心によって仕組まれた、注意をそらす作戦です。心は、自分自身と戦うことが大好きですから。心を落ち着かせようと一生懸命になればなるほど、うまくいきません。実際、心を落ち着かせようとする努力のすべてが、かえって心をかき乱してしまいます。それよりも、根源的な意識としてくつろぎ、心には好きなようにやらせておきましょう。意識は、心の動揺に巻きこまれることはありません。心は動くという性質を持っていますが、あなたは心ではありません。あなたは理解を超えた無限の、静かなる存在です。またもや逆説的な話になりますが、心の好きなようにさせれば、それはひとりでに鎮まっていくものなのです。

◇◇◇

**私の人生は、心に追い立てられています。心は常に忙しく、私に休みをくれません。**

あなたが苦しんでいるのは、心が活発だからではありません。心が作り出すドラマを自分と同一視し、それが本当の自分だと思ってしまうからです。心と戦おうとする代わりに、心が大量につむぎ出す信念や物語に気づいてください。そして、それらが本当に正しいのか、問い直しましょう。やり方は、第3章の終わりの「目覚めからの呼びかけ」に記してあります。

◇◇◇

**あなたが言うところの、瞑想に「誘われている」状態と、瞑想しなければならないと思って瞑想**

## することの違いは、どうやったら見分けられますか？

日常生活の中で、心の動きが自然に止まり、空っぽの空間やギャップが開く瞬間があります。このスペースで、心を超えた不動の沈黙を垣間見ることができます。忙しくしていることでギャップを埋めようと焦らずに、不動の沈黙に誘われるがままにします。この空っぽで何の飾り気もない瞬間を楽しみ、それが広がっていくのを、そっと見守ります。これが、瞑想に誘われているということです。

その反対に、時計を見て「あ、瞑想する時間だ」と言うとき、あなたは瞑想すべきだと思うから瞑想しています。もっとわかりやすい例を出すと、「心が落ち着かないから瞑想しよう」と考えるときも、そうです。「今、瞑想すべきだ」という考えが浮かんだときは、「私は、瞑想することで何を補おうとしているのだろう？」と自分にたずねてみてください。それから、「本当にそれを補わなければならないのだろうか？　それとも、それは今、この場所にあるのだろうか？」とたずねましょう。

目覚めへの呼びかけ
## ウェイク・アップ・コール

### 聞くことの練習

十分から十五分ほど、この探求のために時間をとってください。まずは、目を閉じて、心地よく座ります。可能なら、庭や公園のような自然の中、もしくはその近くに座ってください。それが無理なら、冷蔵庫が低くうなる音や車の音、小鳥のさえずりのような環境音だけが聞こえる場所に座りましょう。人の声や音楽、ラジオ、テレビなどに邪魔されない場所を選んでください。

では、あなたの周りの音に対して、意識を開きます。特定の音にだけ意識を集中したり、次から次に違う音を追いかけたりしないでください。ただ、カメラのレンズのように意識を開いて、音の戯れを耳だけでなく全身で聞きましょう。「聞くこと」が起きるのにまかせてください。すべてを包みこむ、この拡大した意識の中で、音は、やって来ては変化し、そして去ります。すべてがあなたの中で起こっているのです。

リラックスして手放し続け、「聞くこと」が起きるのにまかせましょう。習慣的に、ひとつの音にだけ集中したり、次から次に違う音を追いかけてしまうときは、それを変えようとせず、そのままにしておきます。そして、あなたはすべてを包む意識の中でリラックスしていてください。あなたは自然と、他の感覚にも気がつくかもしれません。たとえば、体に椅子が接している部分の感触とか、肌に当たる風とか、おなかの動きとか、心臓の鼓動などです。それらに注意をはらおうと努力したりせず、ただ、あるがままに戯れさせます。

やがて、「経験する者」という分離した感覚が消え、経験だけが残るでしょう。主体と客体の区別はありません――ただこれだけです！

経験が起きるままにしていると、それは無限の静けさの中で起きていることに気がつきます。その静けさを経験することは、どうしてもできません。それこそが、本当のあなた、無制限の存在、非二元的な意識、すべての経験の源なのです。心や知性でそれを知ることはできません。それを知るには、それであるしかないのです。

すべてをあるがままに受け入れて、あなたがいつでもそうであった沈黙の存在の中でくつろぎましょう。

# 第5章

# 今、この瞬間を経験しているのは誰か？

アブラハムが生まれる前から、私はある。

――ナザレのイエス

抵抗したり、努力奮闘したりせず、もっとリラックスして、心を開き、ありのままの今にいるようにすると、「分離した自分」という感覚がだんだん薄くなり、完全に消えてしまったと感じることもあるでしょう。今、ここにいようと努力しているように見える何者かは、無制限の存在の中に溶けて消えます。その中では、意識と、意識される対象物はひとつなのです。見ている者も、見られているものも、もう存在しません。あるのは、ただひとつの、つなぎ目のない非二元的なリアリティ——これだけです。中国の詩人、李白はこんなふうに表現しています。「共に座るわれら、山と私。山だけが残るまで」(訳注:相看両不厭 只有敬亭山)それと同時に、あなたは、すべてのものの下にある深い不動の静けさを経験します。普段、あなたが自分自身だと思っている思考や感情よりも、その静けさのほうがリアルで本物だと感じられます。

つかの間、このような体験をすることは、時を超えたあなたの本性に目覚める準備となります。あなたは、もっと深く、明らかな啓示を得たいと思うかもしれません。「今、ここに在ること」を継続的に練習していると、ある時点で、努力する必要がなくなり、自然にできるようになります。そして、最終的には、本当の自分に完全に目覚めることができるかもしれません。そのとき、意識は、自分が理解を超えた無限の沈黙であり、すべてが生まれ出る開かれたスペースであることに気づきます。もしくは、あなたはなんの練習も探求もなしに、思いがけなく、目覚めてしまうかもしれません。しかし、多くの場合、目覚めのプロセスには、本当の自分を探そうとする、何らかの意図的な自己探求が伴います。

## 分離した自己を調べる

分離した自己は——ラマナ・マハルシは「私という考え」と呼んでいますが——ときおり消えることがありますが、通常は、非常にしつこいものです。あなたが、分離した自己は本当の自分ではないとはっきり気づくまで、それはあなたの人生を支配し続けます。継続的で実体があるように見える「分離した自己」という幻想の合間に、あなたはギャップを垣間見たことがあるかもしれません。しかし、そのギャップの中に姿を現す広々とした空間こそが、真のあなたなのだということに、あなたは気づいていません。その代わり、体や心、人格といった、いつものアイデンティティに戻ってしまいます。この開かれた空間を垣間見ることができても、意識が自分自身に気づかない限り、あなたという存在の真実が花開くことはありません。単に、おもしろいスピリチュアルな体験をした、というだけで終わってしまいます。

結局のところ、あなたは今までずっと、「特定の性質や感情、記憶、信念、人生経験の集合体が自分である」と思ってきたのです。このアイデンティティが自然なものに感じられ、何の疑問も湧いてこないのも無理ありません。あなたが人生で出会う人たちも、このアイデンティティを強化します。彼らも、「自分は分離した個人であり、他の分離した個人と交流し、共存している」という考え方をあなたと分かち合っています。「私という考え」は、すべての経験や行動が、自分の個人的所有物であると主張します。この、心と体から成る「私」というものの中に、すべての経験や行動があると考えているのです。しかし、根本的なスピリチュアリティは、分離した自己は真の中心ではないという可能性を提示します。分離した自己は、寄せ集めの構成物に過ぎず、存在という大海の表面の波のひとつに過ぎないのです。「今、ここに在ること」を練習すると、この海を、つまり、より深いリアリティを垣間見ることができるかもしれません。次のステップは、自己探求です。

自己探求とは、あなたの意識の光を、外側の出来事ではなく、あなたの内側の体験に向けて、分離した自己を調べることです。分離した自己とは、本当に持続的で首尾一貫した存在なのでしょうか？　それとも、思考や感情、記憶、イメージの単なる寄せ集めに過ぎないのでしょうか？　そして、もし、ただの寄せ集めの構成物に過ぎないのなら、あなたは実のところ、何者なのでしょう？　自己探求において、あなたはまず、自分は誰か探すことから始めます。しかし、結局、体や感覚的経験、思考、感情といった「本当のあなたではないもの」にばかり出会います。自分自身を見つけるには、よく知っている世界の外に出て、見知らぬ世界の断崖絶壁に行かねばならないのです。探求することに、心がついに疲れ果てると――それが自己探求の目的でありますが――、目覚めに連れ去られ、真の自分を理解する準備ができます。新たな概念や経験として理解するのではなく、生きた現実として理解するのです。自己探求のポイントは、知的に分析したり理解することではなく、知性を超えて、存在の真実を直接、指し示すことです。知性には、真実を理解することは決してできません。

この話をさらに進めるために、私は自己探求を三つの流れ、もしくは形式に分けました。つまり、自然発生的自己探求、形式的自己探求、転語による自己探求の三つです。これは、単なる概念的区別に過ぎません。分類したり、説明したりするのが大好きな心をなだめるために区別したまでです。実際には、人の数だけ自己探求の形があり、心から取り組むなら、どんな自己探求も効果的と言えます。

## 自然に起きる自己探求

あなたが探しているものは、はっきりとしたものとして存在するわけではなく、なんらかの経験や状態として、どこかで発見できるものでもありません。そのことを完全に理解したとき、そこにあるのは、存在することの安らぎで、探求は終わりを遂げます。これは、真の放棄です。と言っても、禁欲主義や、拒絶することとは違います。完全な目覚めは、「今、この瞬間」にしかないと知っているから、放棄するのです。ひとたび、心がこのことを完全に認めると、「諦め」が起こります。そして、ある種の自然発生的自己探求として、心は自然と自分自身に注意を向けます。このように突然、探求を放棄する瞬間というのは、すべての探求の源を指し示す強力な指示棒となりえます。何の努力も修行もなしに、源が瞬間のうちに姿を現すかもしれません。

もちろん、自然発生的自己探求もまた、長い探求の始まりに過ぎないという可能性もあります。最終的には、他の形の自己探求も行うことになるかもしれません。たとえば、私の生徒のひとりは、子供の頃、雪合戦をしていたときに、探求が始まったそうです。他の少年たちに雪をぶつけられて、「お前に当たった、お前に当たった」と言われたとき、彼はいつも、こんなふうに言い返したそうです。「違うよ、僕に当たったんじゃない、僕の手や足や頭に当たっただけだ」。あるとき、彼は、体のどこに雪をぶつけられても、彼自身には決して当たらないのだということに気がつきました。このパラドックスの神秘に注意を引かれ、彼は「この、決して傷つけられることのない自分とは、何者なのだろう?」と考えるようになりました。このようにして、生涯にわたる自己探求が始まり、最終的にはアドヴァイタ・ヴェーダンタを学ぶこととなったのです。

私自身の自己探求が始まったのは、ティーンエイジャーの頃でした。ある日、鏡を見ていたら、自分とは別の「見ている者」の存在を感じたのです。「誰が見ているんだ？」私は恐怖に震えながら、考えました。その後、数カ月間、鏡に映る自分を見るたび、アドレナリンがほとばしりましたが、好奇心をかきたてられ、数年後には禅の修行を始めたのです。

## 呼吸と内省のエクササイズ

少し時間をとって、自分の体に注意を向けます。自分の腕や脚、頭や顔などを見て、それらはあなたに属するものであって、あなた自身ではないということについて考えてください。あなたの心臓や脳でさえ、「あなたのもの」であり、あなたの本質ではありません。自然と、次のようにたずねたくなるでしょう。「それでは、私とは本当は誰なのだろう？」

## 形式的な自己探求「私は誰？」

おそらく、最も有名な自己探求の方法は、最もダイレクトな方法でしょう——それは、「私は誰？」と問いかける修行です。この問いかけは、二十世紀のインドの賢者ラマナ・マハルシと、その弟子たちによって有名になりましたが、意識を自然に、意識自身へと向かわせ、意識しているのは誰なのか気づかせます。人間として、私たちは「私」という言葉を頻繁に使います。その言葉の意味を知った上で使っているように見えますが、本当のところ、この「私」とは誰なのでしょう？　何なのでしょう？　そして、どこにあるのでしょう？「私は見る」「私は考える」「私がする」「私は欲しい」などと言うとき、この「私」という言葉は何を指しているのでしょうか？　私たちは、この「私」が人生で一番価値があるものと考え、「私」のニーズを満たすためなら何でもし、攻撃から「私」を守ろうとします。しかし、あなたは本当に、「私」とは何か知っていますか？

この「私」という言葉は、表層的には体と心を指しています。しかし、自己探求を効果的に行うには、この言葉が実際はもっと深いものを指していることを――もっと正確に言うと、何も指していないということを、ある程度、理解する必要があります。肉体や、心を構成しているイメージ、記憶、思考、感情、信念など、知覚できるものはすべて、どんなに身近なものでも、単なる知覚の対象物でしかありません。それらは、「知覚する者」にはなれません。「私は気づく、私は考える、私は感じる」と言うときの「私」にはなれません。しかし、この「知覚する者」、もしくは「経験する者」、「すべての対象物の最終的な主体」とは、何者なのでしょう？　これが「私は誰？」という質問の核心にある、本当の質問です。

もしかしたらあなたは、「私は誰か？（もしくは、何か？）」とたずねるよりも、「この思考を考えているのは誰だろう？　この感情を感じているのは誰だろう？　この目を通して、今、見ているのは誰だろう？」とたずねるほうが、ピンと来るかもしれません。こういった問いかけの目的は、心の注意を引きつけることではありません。犬が、それほど栄養もない骨にしゃぶりつくように、心も必ず、こういう質問にかぶりつき、いつまでも離れようとしません。そうではなくて、静かな森の中の池に小石を落とすように、あなたの存在の静けさの中に、問いかけを落としましょう。瞑想を通して、問いかけが波紋を広げるのを見守ります。しかし、それを解き明かそうとしてはいけません。池が再び鎮まってきたら、別の小石を落として、何が起きるか見てみます。（鎮まるというのは、必ずしも「思考がなくなる」という意味ではありません）「私はブッダである」とか「私は意識である」「私は光の存在である」というような概念的な答えが浮かんできたら、脇に置いて、また質問に戻ります。こういう答えは、あるレベルにおいて真実ではあるのですが、絵に描いた餅ほどにも、あなたのスピリチュアルな飢えを満たしてはくれません。自己探求を続けていくにつれて、質問に火がつき、瞑想している間だけでなく、一日を通じて、思いがけないときに問いかけている自分に気づくかもしれません。ラマナ・マハルシは、このように説いています。「気が散ったときは、すぐに、こう問いかけなさい。『このとりとめもない思考は、誰に起きているのだろう？』、と」。

心から熱意をこめて問いかけてください。でも、執着したり、努力してはいけません。体にいいと薦められてビタミン剤をとるように、自動的、習慣的に問いかけるのもいけません。存在の開かれた受容性を、体感を持って経験しないと、問いかけの成果は得られないのです。そうでないと、かえって分離感が増し、具体性のないものとなってしまいます。「この、すべてを包みこむ、開かれた感受性がなかったら、『私は誰？』という質問は、単なる知的な問いかけに終わってしまう」と、ジャン・クラインは言います。「それが、生きた問いかけになるには、あなたという存在のすべてのレベルで受け入れなければならないのです。生きた問いかけのオープンさは、生きた答えへの入り口なのです」。本当の自分を知りたいと純粋に願い、知性が作り出す答えを超えて、もっと深く見続ければ、いつかある日、答えが明らかになる確率が高まります。しかし、それは何らかの思考や経験としてもたらされるのではなく、すべての経験が起きる永遠不変のグラウンド、基盤としてもたらされます。

私は誰？とたずねる代わりに、ラマナ・マハルシのアドバイスに従って、経験の背後にある「私」、もしくは「私は在る」(I am) という主観的な感覚に注意を向けるのもいいでしょう。思考や意識の対象物である経験は、やがて背景の中に消えていき、後には「私」だけが残ります。この「私」という意識を維持することができれば、分離した「私という考え」は、真の自分の直接体験の中に溶け入ります。「『私は在る』こそがゴールであり、最終的なリアリティである」と、ラマナは言いました。「努力して、その状態を保つのが自己探求で、自然に、そうであるのが悟りである」。

しかし、自己探求とはどこか遠くのゴールを目指して徐々に進んでいくことだと考えると、他の修行法と同じく、漸進的なアプローチとなってしまう危険性があります。自分ではない誰かになることを目指して、特定の心の状態を発達させたり、自分に手を加えたりしているわけではないことを、心に銘じてください。ただ自分に問いかけて、答えが返ってきたら、それを手放しましょう。問いかけは何度も戻ってくるでしょうが、それを「修行」にしてしまわぬよう、気をつけてください。

## 形式的な自己探求「公案」

「公案」として知られる禅の逸話や謎かけは、単刀直入な「私は誰?」という問いかけに比べると、謎に満ちていて、とらえどころがありませんが、どちらも同じ悟りに導きます。公案は、知性を混乱に陥れ、降参させることで、思考の藪の下から真実が現れるようにします。「趙州無字」や「本来の面目」のような基本的公案は、内なる仏性に目覚めるためのものですが、もっと進んだ公案は、いろんな状況で自分の仏性を表現することを目指しています。一般的に、形式的な公案の修行は、すでにその公案を解いた師に直接指導してもらわないと、意味を成しません。

最も有名な基本的公案のひとつに、「あなたの両親が生まれる前の、あなたの本来の顔（訳注：面目）はいかなるものだったか？」（訳注：父母未生以前の本来の面目如何）というものがあります。この公案は、知性を即座にストップさせ、問いかけの方向を、よく知っている領域から、未知の領域へ――もしかしたら、不可知の領域へとシフトさせます。突きつめれば、あなたが自分自身だと思っている人物は、あなたの両親が生まれる前には存在していなかったのです。それなのに、どんな顔があると、この公案は言いたいのでしょう？　実際、「私は生まれた」という確たる証拠をあげることすらできません――肉体や心としてのあなたの誕生は、両親の心の中にある記憶や物語でしかありません（それすらもないかもしれませんが）。そして、本当のあなたの誕生は、根拠となる基準もない、都合のいいフィクションでしかありません。つまり、この「本来の顔」とは、「私は誰？」という質問の「私」と同じなので、この質問とこの公案は、まったく同じやり方で取り組むことができます。

禅の臨済宗では漸進的アプローチとして、「趙州無字」という公案を用いますが、これはすべての修行者が見性（訳注：悟り）を得るために通り抜けなければならない難関です（その内容は、こうです。ある僧が、禅師趙州に「犬にも仏性はありますか？」とたずねたところ、趙州は「無」と答えました）。坐禅合宿に参加したとき、すべての参加者が「無」と叫ばされたことを、今でも覚えています。禅堂の中を、警策を持った首座が練り歩き、修行者の肩を叩いては、「座布団の上で死ね！」と叫んで喝を入れていたものです。

このアプローチの問題点は、このような集中的努力によって目覚めが起きることはとてもまれだということです――実際、目覚めは、何かの「結果」として起きるものではないように思われます。たいていの場合、緊張して必死になるより、リラックスするほうが目覚めに至りやすいようです。それに、どの公案や問いかけがピンと来るか、人によって異なるので、型にはまったアプローチは誰にでも合っているわけではありません。私は最近、臨済宗で長年、修行してきた女性のカウンセリングをしましたが、彼女は「趙州無字」の公案を解くことができなかったので自分を非常に恥じていました。話をするうちに、彼女には、この公案が意味をなさず、心から興味や好奇心をかきたてられることもなかったことがわかりました。しかし、師に命じられたので、彼女はこの公案に取り組み続けたのです。何の甲斐もなく、いつまでも同じ壁に頭を打ち続けるよりも、本当に心惹かれる公案を見つけたら、と私はアドバイスしました。すると、彼女は非常に感謝し、ほっとして泣き出してしまいました。

私の最初の禅の師匠だった知野弘文老師は、自分独自の生きた公案を作り上げるようにと、弟子たちにいつも言っていました。そして、日本の偉大な道元禅師は、日常生活によって提起される公案に取り組むことを重要視しました。人生は常に、本当の自分を知る機会を提供してくれますが、それだけではなく、すべての活動において本当の自分を表現する機会も提供してくれます。あなたの心をつかみ、真実を知りたいという情熱に火をつけてくれる問いかけを見つけることが、結局、一番強力に目覚めを呼び起こすのです。たとえば、人生の早い段階で親を亡くすことで、「誰が死ぬのだろう?」という洞察力に富んだ問いかけが芽生えるかもしれません。もしくは、強烈な肉体的痛みを経験することで、「快楽と苦痛を超えた安らぎはどこにあるのだろう?」と考えるようになるかもしれません。このような日常的な公案には、死や痛みを超えた真の自分を直接、認識させる力があります。

## 形式的な自己探求：見つけられないということ

このタイプの自己探求の例は、中国禅の開祖・達磨大師と儒学者・慧可《えか》の有名な対話に見ることができます。達磨大師が、九年間、瞑想し続けた洞窟で静かに座って、壁を見つめていると、慧可がやってきて、熱心に教えを請いました。「心の安らぎを見つけることができません。どうか、私の心を鎮めてください」と、慧可は言いました。

「お前の心を持ってきなさい。そうしたら、私が鎮めてやろう」達磨は答えました。

慧可は、自分の心を見つけて師のもとに持っていこうと、何週間も自己探求しましたが、何の甲斐もありませんでした。ついに、慧可は達磨のもとに向かうと、言いました。「すべての場所を探しましたが、私の心を見つけることはできませんでした」

「ああ、そうか」達磨は言いました。「それなら、私は、お前の心を鎮めたことになる」。

この言葉で、慧可は悟りを得ました。つまり、「分離した心」（もしくは、分離した自己）という実体のあるものは存在しないから、慧可がどんなに注意深く探したところで、心などというものを見つけることはできなかったのです。心とは本質的に「空《くう》」で、どこかで見つけられるものではないということを認識したとき、慧可はついに自分という存在の真実に目覚めたのでした。

私は数人の師から、マハムードラ（大印）というチベット仏教の伝統を学ぶ機会に恵まれましたが、そこでは、一歩進んだアプローチをとります。生徒たちに、心と自己に関する一連の問いかけを自問するよう勧め、心や自己は本来、見つけることができないことに気づかせるのです。たとえば、あなたは、自分が「私のもの」と呼んでいるものを観察し、それらのものが属している「私」なるものを探します。しかし、あなたがどんなに一生懸命探しても、それは見つかりません。なぜなら、体や心もまた「私のもの」であり、ものが属する「私」ではありえないからです。もしくは、静かに座って瞑想しているときに心を探し出し、その密度や形、色を特定しようとしてみます。しかし、どんなに熱心に問いかけても、こうした質問の答えを見つけることはできません。

「なにも見つからないと、最初のうちは、失敗したように感じられるだろう」チベットのマスター、トラング・リンポチェは言います。「自分は探し方をまちがえたか、それとも単に十分、探していないのだと思うだろう。しかし、それは真実ではない。心を探しても何も見つけられないのは、心は本質的に実体がなく、空だからだ。私たちは、瞑想を通して、このことを直接、経験しなければならない」。

## 呼吸と内省のエクササイズ

あなたの思考は、どこから生じてくると思いますか？　「頭の中」と思うなら、正確に頭のどこから生じるのか、探してください。あなたの思考の大きさはどれくらいですか？　どんな色、形、密度ですか？　思考はとてもリアルなものに思えますが、それを指さし、正確に描写することはできますか？　思考を描写しようとすると、思考には何が起きるでしょうか？

## 転語

「師の言葉と、それが呼び起こす真実の面影と共に生きなさい」と、私の師のジャン・クラインは言っていました。「このように、言葉にされることはないけれど真実を思い出させてくれるものは、真実の香りのようなものです」。そして、それが自然と、聞く者を源泉へ導いてくれるでしょう。形式的な自己探求を行わなくても、偉大なマスターや賢者の本質的な教えが、真実の瀬戸際に立つ探求者に突然の目覚めをもたらすことがあります。禅の伝統では、転語と呼ばれる簡潔な言葉を用いて、修行者の心を本質に向かわせます。たいていの場合、知性で理解することはできませんが、それは概念的な「死んだ言葉（訳注：死句）」とは違い、「生きた言葉（訳注：活句）」であり、公案を生かしているハートなのです（たとえば、洞山禅師に弟子が「仏とは何ですか?」とたずねると、洞山は「麻三斤」と答えました。雲門禅師の弟子も、同じことを師にたずねましたが、その答えも「尻拭き棒」という不可解なものでした）。禅の転語と同様に、チベットでも、教師は言葉による「指し示しの教え」を用いて、生徒を直接、心の本質に向かわせます。

しかし、転語は、公案や形式的な「指し示しの教え」とは無関係に、どんな状況でも魔法のような力を発揮することがあります。僧だった頃、私は形式的な公案の修行にあまり熟達しませんでしたが、私の師のジャン・クラインは自然な転語の名人でした。ジャンの言葉は、私の心に衝撃を与えて沈黙させ、自然な自己探求に向かわせました。ある集中リトリートで、ジャンが友人の質問に答えて言った言葉を、私は今でも覚えています。「子供の頃に比べると、あなたの体や心は劇的に変化しました。それにもかかわらず、あなたはいつも自分を『私』という言葉で呼んでいます。この『私』とは何ですか？　子供の頃から今に至るまで、あなたの人生を経験し、すべての変化を経てもなお、変わることのない『私』とは何ですか？」。本質的に、ジャンがたずねているのは、「私は誰？」ということです。しかし、ジャンの「不変の目撃者」の説明は示唆に富んでおり、私も心を開いて彼の教えを受け入れたので、彼の言葉は私の中の奥深いところで共鳴し、波紋のように広がっていきました。これは、形式的な公案の修行では起きなかったことです。

別のリトリートで、ジャンは次の言葉を繰り返しました。「探求者こそが、探し求められているものである。見ている者こそが、あなたが見つけようとしているものである」。ジャンが「である」（is）という言葉を強調しながら、ゆっくりと眠りに誘うような声で繰り返すたび、音叉が同じ周波数に共鳴するように、私の心の中で何かが反響しました。このリトリートが終わって、車で家に向かうとき、特に何か考えていたわけではないのですが、「探求者こそが、探し求められているものである」という言葉が泡のように、意識に浮かび上がってきました。そして突然、私の全世界がひっくり返り、この言葉の意味が疑いようもなくはっきりとわかったのです。
たとえ生身の先生がいなくても、偉大なマスターや賢者の言葉を読んで、あなたの中で共鳴させればいいのです。ポイントは、静かに座って、思考のフィルターや解釈は脇に置くこと、そして、小石を池に落とすように、教えの言葉をあなたという存在の静かな池に落とすことです。逆説的で謎めいているけれど、なぜだかあなたの心に訴えかける言葉を選んでください。そして、それを思考レベルで理解しようとしないことです。それでも、徐々に、そうした理解も訪れるでしょう。言葉が波紋のように引き起こす真実の静けさや予感と、ただ、共にいてください。そうすればやがて、こうした言葉が、その生きた源泉へと、あなたを目覚めさせるでしょう。
この本では、あなたに準備ができていれば転語として働く言葉を紹介していきますが、ここでもいくつか、私にとって特別、胸に響く言葉を挙げてみます。

**私が神を見ているのと同じ目で、神も私を見ている。**

——マイスター・エックハルト

あなたとは、すべての理解、認識の背後にある光である。

――ジャン・クライン

神とは、いたるところに中心がある円であり、どこにも円周がない円でもある。

――エンペドクレス（パスカルの言葉ともされる）

私はわかったと考えている「私」の謎を解かない限り、あなたはわかっていない。

――ニサルガダッタ・マハラジ

意識と、それが意識している対象はひとつである。

――ジャン・クライン

沈黙の伝達

覚醒した賢者が語る生きた言葉よりも、ずっと目覚めをもたらす力があるのは、おそらく、賢者が常にとどまっている静けさでしょう。もっと正確に言うと、賢者の存在そのものである静けさ、沈黙です。それは、すべての非二元的な教えの究極的な源泉です。この静けさには、聞く者をより深い静けさへ――そこから目に見える現実が生じる豊かな「空」へと引きこむ力があります。そして、準備ができている者に、真実の直接体験を引き起こすのです。この静けさが基盤としてないと、どんなに深い言葉も、中身のないおしゃべりに過ぎません。

ラマナ・マハルシは多くの時間を沈黙の中で過ごしました。何か質問されると、たいていの場合、まずは質問者の目をじっと静かに見つめ、それからわずかな言葉で答えました。これは戦略や指導テクニックではありません。ラマナは常に、分かつことのできない万物の「自己」の状態にあったので、この沈黙は、その自然な表れだったのです。ラマナと同様に、ジャン・クラインも沈黙の存在と言葉の両方で教えを説きましたが、「あなたがいないとき、あなたは存在する」とよく言っていました。ラマナやジャンのように、分離した自己が完全に不在だと、沈黙の存在が強い力を持ち、すべてを満たすのです。

インドの伝統では、悟りを得たマスターや賢者と共に過ごすだけのために、遠くまで旅をする探求者たちがいます。沈黙の中で聖者と自然に見つめあうことをダルシャン（「見ること」の意）と言いますが、これは素晴らしい祝福と、スピリチュアルな啓示をもたらすとされています。しかし、雲の切れ間から太陽が輝いたからと言って、切れ間が光を生み出したわけではないように、沈黙の存在が悟りを生じさせるわけではありません。そうではなくて、雲が太陽に照らされて蒸発するように、限界と混乱に満ちた信念やパターン（サンスカーラ、またはヴァサーナ）が、真の自己の光に照らされて自然と燃え尽き、生来の輝きが明らかになるのです。それは、すべての存在が分かち合っている輝きです。

禅の伝統では、師から弟子へ仏法（真実）と袈裟を伝授する際、達磨大師が述べたように「文字や経典に頼らず、直接、人間の心を指し示す」ことで伝授が行われます（この場合の「人間の心」とは、「真の自分」もしくは「心の本質」を指します）。実際、禅の系譜をたどっていくと、ブッダの主要な弟子のひとり、マハーカーシャパまでさかのぼることができます。このマハーカーシャパは、ブッダが黙って花を一輪かかげたとき、ただ微笑むことで伝授を受けたと言われています。

## 存在と探求

探求が実を結ぶのは、ハートを開いて真実を受け入れる準備ができているときだけだということを心に刻んでください。第４章で説明したように、ただ、ありのままに存在すればいいのです。そうすれば自然と、無制限の存在が開花し、ただ「聞く」という状態が起こります。そして、何の努力も操作もなしに、心という名の池が鎮まり、探求によって投げかけられた小石の波紋が、あなたの開かれた意識全体に広がります。今、ここに在ることを「練習」

するよりも、アジャシャンティの「根源的な意識としてくつろぎなさい」という言葉のほうが、人によっては、ピンと来るかもしれません。念入りに練習する必要は、必ずしもありません。ときには、生々しい苦悩や、危機、慣れ親しんだアイデンティティの喪失が、あなたの心を大きく開き、知性をストップさせ、自然に自己探求が起きることがあります。ヨブのように、あなたも幸運に恵まれていたのに、ある日、大事なものをすべて奪われ、竜巻の中に神の声を求め、存在の真実を明らかにしてくれるよう、涙ながらに訴えるかもしれません。そんな瞬間には、完全なる真実だけが、あなたを満たしてくれるのです。

(Q&A)

**「私は誰?」と問いかけても、思考が刺激されるばかりです。どうしたらいいですか?**

マントラを自動的に繰り返し唱えるように、問いかけをしてはいけません。オープンで意識的な状態にあり、あまりストレスのないときに、問いかけるようにしてください。まずはゆっくりと数回、自分に問いかけ、質問をあなたの全存在に響き渡らせます。そして、答えが自然に現れても、現れなくても、あるがままにまかせます。何よりも大事なのは、知性で答えを見つけようとしないことです。そのやり方では、意義のある答えを得ることはできません。

また、次のように考えることも、役に立つかもしれません。あなたは「私は見る、私は聞く、私は感じる」などというように、常に「私」という言葉を、心の中の基準点として使っています。しかし、この「私」とは、体や心を指しているわけではありません。というのは、体や心は、経験されるものに過ぎないからです。では、この「私」とはいったい何なのでしょうか?

それでもまだ、「私は誰?」という問いかけは知性を刺激してしまうと感じるなら、「私は何だろう?」「これは何だろう?」「誰が、たった今、この瞬間を経験しているのだろう?」といったような質問をしてみるといいでしょう(この最後の問いかけに関しては、この章の最後の「目覚めへの呼びかけ」で詳しく説明します)。これらの問いかけもあまりピンと来ないなら、心に訴えかける問いかけを、自由に自分で作ってください。もしくは、自己探求を完全にやめてもいいのです。真の自分に目覚めるのに、何の技術も修行も必要ないということを、忘れないでください。

◇◇◇

**「私は誰?」「たった今、気づいているのは何者、もしくは何なのだろう?」と自分にたずねると、「わからない」という答えしか浮かんできません。私のやり方は何かまちがっているような気がするのですが。**

「わからない」とは、素晴らしい答えです。それは、知性が概念的な答えを探すのを諦め、自分が未知の領域の境界線に立っていることに気づいたということです。この、わからないという状態をいきいきとして鮮明なものにしましょう。味気なく諦めに満ちたものにしないでください。あなたは今、ここに存在し、注意深く気づいていますが、自分が何者なのか知りません。「私」を探し続けながら、「わからない」ということを共鳴させましょう。

◇◇◇

**ラマナ・マハルシが言うように、ただ「静かにある」だけで十分なのではないでしょうか？　すでに静けさの中にくつろいでいるのに、問いかけをして知性を活発化することに何の意味があるのでしょう？**

もし、あなたが、ただ静けさの**中に**くつろいでいるのではなくて、静けさそのものと**して**くつろいでいるのなら、問いかけをする必要はまったくありません。しかし、たいていの場合、くつろいでいる「私」と、私がくつろいでいる静けさの間には、微妙なずれがあり、あなたが使った言葉の中にも、このずれが潜んでいます。何日も、いえ、何年も静けさの中でくつろぎながら、いきいきとした存在の真実に、本当に目覚めることはないという可能性もあるのです。自己探求は、ラマナ自身も強く勧めていますが、このずれを破壊し、分離した自己が、真の自己という静かな大海の中に完全に溶けて消えるのを助けます。

## ウェイク・アップ・コール《目覚めへの呼びかけ》

### たった今、この瞬間を経験しているのは誰か？

この探求のために、二十分から三十分、時間をとりましょう。まずは目を閉じて、静かに五分ほど座ります。意識を、座るという経験に据えて、体を自然にリラックスさせます。

それでは目を開けて、意識をテーブルや椅子、本棚、机など、特定の対象に向けます。対象物を見つめながら、「誰が見ているのだろう？」と自分にたずねてください。あきらかに、対象物は見られていますが、誰が、もしくは何がそれを見ているのでしょう？ もし、「私が見ている」と答えるなら、さらに「この『私』とは誰だろう？ そして、それはどこにあるのだろう？」と自分に問いかけてください。

次は、意識をあなたの周りの音に向けてみましょう。明らかに、音は聞かれていますが、誰が、もしくは何がそれを聞いているのでしょう？ あなたは再び、「もちろん、私が聞いているんだよ」と答えるかもしれません。しかし、この「私」とは誰ですか？ そして、それはどこにあるのでしょう?

「私は意識である」「私は神の子だ、光の存在だ」といった概念的な答えは脇に置きます。そのような答えは、あなたが探している答えではありません。リラックスして柔らかに呼吸し、問いかけを直接経験するようにします。「私は誰だろう? 本当のところ、何者なのだろう?」

もしかしたら、あなたも多くの人たちと同じように、自分とは脳や思考であると考えているかもしれません。しかし、脳も思考も、経験されるものです――あなたは、自分の脳がどこにあるかわかるし、自分の考えを持つことができます。だから、「誰がわかったり、考えたりしているのだろう?」と、もっと深く問いかけることができます。同様に、あなたは心臓やハートこそ自分だと考えるかもしれませんが、心臓も感情も経験可能なものです。しかし、誰が、もしくは何が、それを経験しているのでしょう? 場所を特定できたり、名前を付けたりできるものは皆、意識の対象物です。問題は、「誰が意識しているのか? すべての対象物を意識している最終的な主体は、誰なのか?」ということです。

すべての経験の源である「私」に向かって、どんどん深くさかのぼりながら、問いかけ続けてください。努力し始めたり、知的に問いかけているときは、リラックスして、もう一度、ただ静かに座りましょう。二、三分したら、また問いかけに戻りますが、知的なエクササイズとして取り組むのではなく、全身を使って、究極的な経験者を探すようにしてください。「私は感じる、私は考える、私は見る、私は味わう、私は知っている」と言うときの「私」とは誰ですか？　誰が、たった今、この瞬間を経験しているのでしょう？

# 第6章

# 自然に起きる目覚め

何を、そして誰が超越するのだ？
あなたしか存在していないというのに。

――ラマナ・マハルシ

ある日、トニー・パーソンズがロンドンの公園を散歩していると、意識が自然とシフトし、考え事や将来の心配から、歩くたびに足底に感じられる圧力へと注意が向かいました。そして、少しすると、突然、歩いているのを観察している自分がいなくなり、ただ「歩いている」状態だけが残りました。「完全なる静けさと存在が、辺りに降り立ったかのようでした」と、パーソンズは著書 ***"As It Is"*** の中で回想しています。「すべてのものが時間を超え、私はもはや存在していませんでした。私は消えてしまい、経験する者も、もうどこにもいませんでした」。

パーソンズは、瞑想やスピリチュアルな修行をしたことがなかったので、この経験する者がいないという経験は予期せぬものでした。それは、望むことなくもたらされた啓示でしたが、すぐに、完全な目覚めとして花開きました。「すべてのものとひとつになるということが、起こりました」と、パーソンズは語ります。「圧倒的な愛がすべてを満たしました」。パーソンズは、彼が開かれた秘密と呼ぶもの、「今までもこれからもずっと、すぐそこにあり、いつでも手に入れることができる贈り物」を発見したのです。それは、「自然、人間、誕生と死、苦闘、恐れ、欲望はすべて、無条件の愛の中に包まれており、そして、無条件の愛の反映である」という事実でした。

スーザン・シーガルの場合も、目覚めは予期せぬ時に起こりました。シカゴ生まれのシーガルは、二十代前半の頃、超越瞑想に夢中になりましたが、やがて瞑想はやめて結婚し、フランス人の夫と共にパリに渡りました。初めての子供を妊娠し、ある暖かな午後、バスに乗りこもうとしたとき、慣れ親しんだアイデンティティの感覚に変化が起こりました。「私の内側のいつもの場所から、アイデンティティが無理矢理、外に出され、新しい場所に移ったのです。それは、頭の左後ろ三十センチほどの場所でした。『私』は今、体の後ろにおり、肉体的な目を使わずに世界を見ていました」と、シーガルは、回想録 ***"Collision with the Infinite"*** の中で語っています。

シーガルにとって、この突然のアイデンティティの変化は、至福に満ちたスピリチュアルな目覚めではありませんでした。むしろ、今まで慣れ親しんできた安心できる何かを失ったという衝撃的な経験でした。彼女はその後何年も、失ったものをとり返そうとしました。しかし、スピリチュアルな師に出会い、自分の不愉快な経験は本物の目覚めであると確信できたので、彼女はリラックスし、「自分は無であると同時に、すべてである」という完全な認識に至ることができたのです。

ニューヨークで子供時代を過ごしたロバート・アダムスは、自分が不思議なパワーを持っていることに気がつきました——アダムスは、神の名を三回唱えることで、欲しいものを何でも手に入れることができたのです。十四歳のある日、数学の試験を受けているとき、彼はいつものように、このテクニックを使って正しい答えを得ようとしました。しかし、答えの代わりに、彼は強力なスピリチュアルな啓示を得たのです。世界は実体を失い、どこに目を向けても、不変の真の自己、すべてを貫いて満たす存在の源泉しか見えませんでした。「時間も空間もなく、ただ、真の私だけがありました」と、アダムスは"*Silence of the Heart*"で回想しています。「すべてのものが『私』でした。『私』という言葉は全宇宙を包みこみ、言葉にできない無限の愛がすべてを満たしていました」

言うまでもなく、若きアダムスは、この予期せぬ経験によって決定的に変容し、今までの勉強や趣味、友人への興味をすぐに失ってしまいました。数年間、自分に起こったことを説明してくれる人を探し続けた後、彼は結局、インドに向かい、偉大な賢者ラマナ・マハルシと共に三年を過ごしました。「ラマナと共にいるうちに、私は自分の経験の意味を理解できました」と、アダムスは語っています。

私自身の最初の目覚めは、カリフォルニアの高速道路で車を運転しているときに起こりました。アダムスやシーガルの経験ほどドラマチックでも予期せぬものでもありませんでしたが、それでも、今までの自分に対する考え方を一瞬でひっくり返してしまう力がありました。私は今まで、自分は体や心の中に宿っているのだと思っていましたが、突然、私は実は、すべてを満たす光であると気づきました。私は、この目覚めた、意識のある空間であり、その中に、心や体、それにすべてのものが現れ出たのです――この、すべてを満たす「遍在性」、禅師・玄沙師備が言うところの「一粒の輝く真珠（訳注：一顆明珠）」こそが、唯一のリアリティであり、時間を超えて、常に存在するのです。至福の波が体中を駆け巡ると共に、「それから離れることなどできない」という言葉が頭の中で鳴り続けました。

## 目覚めの性質

インドの賢者や禅僧ではなく、ごく普通の西洋人の目覚めのエピソードは、本物の目覚めの性質をよく示しています。それはしばしば自然に起こり、当事者を不安に陥れ、人生を変容させてしまう性質を持っています。時を超えて瞬間的に、慣れ親しんだアイデンティティが崩壊し、いつものリアリティのヴェールの向こうに、もっと深いスピリチュアルな基盤、存在の底流が見えてくるのです。物質的な世界は、そこから現れ出たものに過ぎません。こうした体験の結果、今まで通り、人生とは絶対的現実で、永続するものだと考えることはできなくなります。

「目覚め」という言葉はとても適切で、よく使われますが、実際、多くの人が、今まで現実だと思っていた夢から覚めたように感じます。「確固たる分離した個人として、同じく分離した個人が集う世界にいる」という夢から覚めるのです。そして、この現実のように見える世界は、もっと深いリアリティの表面に浮かぶ儚《はかな》くもろい幻に過ぎず、池に浮かぶ泡や、大海の上の一片の波のようなものだと気づくのです。

もちろん、目覚めに先立って、自分の本質を垣間見る場合もあるでしょう。瞬間的に「分離した経験者」という感覚が消えますが、またすぐにいつもの状態が戻ってきて、コントロールを取り戻します。もしくは、ほんのつかの間、底が抜け落ちたように感じ、神秘的な人生の流れに参入するものの、すぐに分離した自己に戻ってしまいます。しかし、一般的に言って、本物の目覚めは、だまし絵の図柄と地がひっくり返るような、強力なアイデンティティの転換を伴います。それは、あなたのリアリティの経験を、根本的かつ永続的に変容させるのです。一度、目覚めてしまうと、ときたま居眠りをすることはあっても、完全に眠りに落ちることは、もうできません。一度、本当の自分を知ると、その知識が消えたり逃げていくように見えることがあっても、それを完全に忘れることはできないのです。

ここでお伝えした話からもわかるように、本物の目覚めは、さまざまな形をとります。本当は常に知っていた真の自分に、やっと気づき、故郷に帰るという穏やかな形をとることもあれば、スーザン・シーガルの場合のように、自分と広大なリアリティを隔てるヴェールが突然、強制的に取り払われることもあります。また、トニー・パーソンズの場合のように、一瞬のうちに、分離した自己の幻想を見破ってしまうこともあります。鋭い剣が、何層にも積み重なった信念を切り開き、その中心にある生きた真実を明らかにするのです。あるいは、氷が溶けて海とひとつになるように、徐々に幻想が消えていく場合もあります。強力なイメージやエネルギッシュな経験に満ちたドラマチックなものとして起こる場合もあれば、アリスがウサギの穴をするりと通り抜けるようにさりげなく――もしくは産道を通り抜けるように――特に何の事件もなく、まったく新しい世界にたどり着く場合もあるのです。

## 呼吸と内省のエクササイズ

少し時間をとって、スピリチュアルな目覚めに関する自分の考えや思いこみを書き出します。それらの考えは、どこから来たのでしょう？　あなたのスピリチュアリティに関する考え方に、どのような影響を与えていますか？　一度、これらの考えを確認したら、あとは脇に置いて、真の目覚めの可能性に自分を開きましょう。

## 時間と永遠が交差する場所

どのような形で起きるにせよ、スピリチュアルな目覚めは、存在の垂直次元と水平次元が交差する場所で起こります。西洋人は、人生のほとんどを、時間と空間に支配された水平次元で過ごします。信念や人生経験といった荷物を背負って歩き、目標を達成しようとコツコツ努力しつつ、失敗や孤独、死を恐れているのです。周囲の人と同じように、自分は分離した個人であると考え、喜びと苦痛、達成と苦しみ、健康と病の間を上っては下るジェットコースターの座席に縛りつけられ、結局は、年老いて、死を迎えるのです。

しかし、私たちには一瞬、一瞬、別の次元に目覚めるチャンスが与えられています。そこでは、時間と空間の概念はもう当てはまらず、すべてが無制限の存在、時を超えた神性の光を放っているのです。「永遠の今」とも呼ばれる、この垂直次元は常に水平次元に影響を与えており、私たちがスピリチュアルな本性に目覚めるよう、導いています。実際、いかなる瞬間も、時に縛られた次元と時を超えた次元は交差しており、形あるものと形のないもの、水平次元と垂直次元も交差しているのです。イエス・キリストの十字架もこの交差を象徴していますが、あなたもイエスのように人間であると同時に、神の子なのです——あなたは、ただ、この真実に気づきさえすればいいのです。瞑想や自己探求によって、この気づきがもたらされることもありますが、不思議な贈り物のように、何の準備もしていないのに、予期せぬときに自然に起きることも多いです。

## 目覚めの初期段階

目覚めの経験は人それぞれですが、そのプロセスには、共通の傾向や展開があるように思われます。最初に目覚めたときは、たいてい、アイデンティティの中心点が、いつもの自分という感覚からはずれたことに気づきます。穏やかに起きるにせよ、強制的に起きるにせよ、アイデンティティが、巻きこまれることのない目撃者へとシフトします。それは、常にすべてに気づいていますが、自分が目撃したものに巻きこまれることはないのです。あなたは、この目撃者を、広大な空間や深い沈黙、すべてのものの底流に流れる深い基盤として経験するかもしれません。もしくは、スーザン・シーガルのように、肉体から離れたところにあるポイントとして経験するかもしれませんが、それはやがて溶けて消え、二度と戻ってきません。このシフトは、単なる知的な洞察やひらめきではなく、全身に及ぶエネルギッシュな変化で、それまで自分だと思っていたものの中身や位置が変わってしまうのです。ほとんどの西洋人が自分は脳の中に存在すると考えていますが、目覚めたあなたは、そうではないことを知っています。思考やイメージ、感情や記憶は、時を超えた無限の空間の中に生じ――そして、この空間こそがあなたの真のアイデンティティであり、本当の「私」なのです。（この空間の無限の広大さ、場所を特定できない性質を、禅では「空《くう》」「絶対」と呼びます）

言うまでもなく、このような突然のシフトは、スーザン・シーガルのケースのように不安をもたらす可能性があります。しかし、強力なエネルギーの解放や、深い驚嘆、感謝、愛、安堵の気持ちを伴うこともあります。私の場合、何時間にもわたって、恍惚としたエネルギーの波が背骨を伝わり、頭のてっぺんから噴水のように吹き出し続けました。こうした体験はよくあることですが、スピリチュアルなことにあまり興味がない場合や、目覚めという現象に関して学んだことがない場合は特に、恐ろしくて圧倒的な体験に感じられることがしばしばあります。最初に目覚めた後、数年間、スーザン・シーガルは鏡を見るたび、そこに見える顔が自分のものと思えず、パニックに襲われたそうです。私自身の場合も、至福の感覚はすぐに、恐れと交互にやって来るようになりました。私の心は、この至福のエネルギーを脅威に感じたので、なんとかコントロールを取り戻して、このエネルギーを破壊しようとしたのでした。しかし、時間がたてば、ほとんどの人は、拡大した新しいアイデンティティに慣れていきます。そして、それがもたらす超然とした状態に、平安を感じるようになります。この平安は、人生の浮き沈みにも簡単に左右されません。

## 目覚めの完全な開花

人格や心としての自己は、思考や感情からできており、「頭の中にある」と場所を特定できます。アイデンティティが、この「人格としての自己」から、「形がなく、場所も特定できないけれど、すべてを包みこんで満たしている空性」にシフトする体験には、私たちを変容させる力があります。しかし、それは、目覚めの完全なる開花のプロセスの第一段階に過ぎません。分離した自己を含め、すべてのものに持続的な実体がないということに気づくと、平安がもたらされます。しかし、それと同時に、人生から切り離され、受け身で孤立した、ある種の虚無主義に陥る可能性もあります。「すべては空なんだから、何もかも、どうでもいいいじゃないか?」。

次のステップは、すべてのものが例外なく、究極的な価値と意味を持つと認識することです。岩も、雲も、車も、建物も、道端のホームレスも、真のあなたから分離してはいません――実際、それらはまさに、あなた自身の本質的な自己なのです。それらのものに実体や持続性はなく、空っぽですが、それと同時に、神性や輝き、真の存在に満ちています。だから、値がつけられないほど貴重なものなのです。

禅では、有名な般若心経の中に、この「空っぽなのに満ちている」状態を表す言葉があります。「形あるものは空であり、空なるものは形あるものである（訳注：色即是空　空即是色）」言葉を変えると、あなたが見たり聞いたりしている世界は泡や夢のようなもので、実体がありません。しかし、この空性はすべてのものの基盤であり、決して分離しておらず、世界という多次元的な劇として、自らを自然に表現していきます。空性を強調し過ぎると、孤立した無関心な人間になってしまう危険性がありますが、形あるものを強調し過ぎると、再び夢に巻きこまれてしまいます。形あるものと空は、同じコインの表と裏のように分かちがたく結びついているのです。前景と背景のように、ひとつの途切れないリアリティのふたつの顔であり、文章と文脈、対象と空間のように結びついています。禅では、このリアリティの非二元的な性質を「真如」と言います。また、禅の有名な言葉には「山は再び山であり、川は再び川である」とありますが、このとき、どんなありふれた光景も、スピリチュアルな意義を持ち、輝いているのです。（訳注：全文「悟る前、山はただの山で、川はただの川であった。《ただの形あるものに過ぎなかった》悟りを得たとき、山は山でなくなり、川は川ではなくなった。《空であることに気づいた》しかし、今、しばらくたって落ち着くと、再び、山は山で、川は川である。《空でありながら形がある》」）

私がここで説明している区別は、とても微妙で抽象的なものに見えるかもしれません。しかし、目覚めを理解するには、この区別が非常に重要なのです。形あるものは空であるだけでなく、空もまた形あるものだと理解しないと、スーザン・シーガルが「冬の時間」と呼んだ期間を過ごすことになります。それは、空性が優位を保つ時間です。形あるものの暖かさと完全さの中でハートが花開くまで、あなたは「冬の時間」の中でさまよい続けることになります。「自分の内側を見て、私は無だと気づくとき、それは叡智である」と、インドの賢者ニサルガダッタ・マハラジは言います。しかし、この洞察は、対となる、もうひとつの洞察と組み合わされなければなりません。「自分の外側を見て、私はすべてであると気づくとき、それは愛である」。そして、ニサルガダッタは、こう締めくくります。「このふたつの間に、私の人生は流れる」。

形あるものは空であり、空は形あるものであると、いっぺんに完全に理解してしまう人も、ごくまれにはいます。たとえば、ロバート・アダムスは、友人たちが数学のテストを解いている間に、自分は純粋な意識、輝ける空、完全なる「真の自己」であると気づいただけでなく、例外なくすべてのものが自分であることにも気づいたのです。「私は花でした……私は空でした……私は人々でした……私という言葉が全宇宙を包みこんでいました」。自己の空性に気づく前に、すべてのものと一体であることにまず目覚める人たちもいますが、その場合、この一体感に執着してしまい、それが自分のものであるかのように感じてしまうことがあります。しかし、ほとんどの場合、形あるものは空であることにまず目覚めます。そして断続的にじっくり時間をかけて、リアリティの完全なる非二元性を理解していきます。

## 目覚めのジップファイルを開く

自分自身の体験、および生徒や友人たちとの会話をもとに考えると、ほとんどの場合、真の目覚めには「形あるものは空であり、空は形あるものである」という完全な非二元的理解が、暗号化されて埋めこまれているようです——子供たち、犬、お皿、仕事といった日常の世界も、あなたが探し求めている気高いスピリチュアルなリアリティなのです。それは、どこか遠くの、抽象的な次元に存在するわけではなく、子供や犬、お皿や雑用として、自らを自然に表現しているのです。

しかし、どういうわけだか、ほとんどの人は、完全なる理解に至ることができず、どちらか一方だけ理解して——たいていの場合、形あるものは空であるということだけを理解して、終わってしまいます。そういう人たちも、目覚めはもっと深くて実体のあるものだと、何となく感じているのですが、それをうまくつかむことができません。コンピューターのジップファイルに圧縮されて入っている複雑なドキュメントを、後から開いて読み解くように、目覚めた人も、膨大な量の洞察を一瞬のうちにダウンロードし、その後何年もかけて解読していくことになります。

たとえば、私の生徒は、突然、自分がすべての音と活動の底を流れる静けさであることに気づきました。しかし、さらなる目覚めを重ねるうちに、この静けさがすべてのものの源泉であり実体であることに、徐々に気づいていきました。私自身の場合、私を通じて目覚めた光り輝く球体は、存在の豊かさを含んだホログラムのようなものでした。しかし、この豊かさと完全さを理解するには、何年もかかりました。何を理解したかというと、「これだ！」としか言いようがないのですが。

非常に強力で完全に見える目覚めでも、その豊かさが明らかになるのに数年かかることがあります。しかし、さらなる目覚めや洞察はたいていの場合、すでに受け取った気づきを明確にし、安定化させるものに過ぎません。そういう意味で、最初の目覚めを得たとき本当の自分を知るのだと言うことができるでしょう。しかし、そのとき、自分が知っていることを完全に理解することはできません。それは、時間をかけて理解し、自分のものにしていくしかないのです。

## 目覚めのエネルギー的体験

目覚めには、ドラマチックなイメージや感情、感覚が伴うことがありますが、実際の目覚めそのものは、一般的にアイデンティティの位置の微妙な変化として経験されます——それは、あなたが現実と出会う立ち位置の変化です。私の師のジャン・クラインは、「後ろ側に自分を探しなさい」と、ときどき生徒に言っていました。つまり、額にある「思考の工場」大脳新皮質ではなく、頭の後ろ側に自分を探しなさいということです。彼が言いたかったのは、あなたのアイデンティティを「考える心」や「自己イメージ」、「人格」などから、あなたの背後にある「目覚めたスペース」、「すべての人の目を通して見ている者」にシフトしなさいということです。

この新しいアイデンティティの場所は、前よりも広々としていますが、目覚めが深まり広がっていくにつれて、胸部のハートセンターに溶けこんでいきます。相対的な現象のレベルにおいて、ハートセンターとは真の自己が存在する場所だと考える賢者もいます。しかし、最終的には、この精妙な位置感覚も消滅し、真の自己はすべてに広がり、あらゆるところに存在するものとして経験されます。ギリシャの哲学者エンペドクレスの言葉を借りれば、「神（つまり、真の自己）とは、いたるところに中心がある円であり、どこにも円周がない円でもある」のです。

## 目覚めにまつわる七つの伝説を解き明かす

ここまでは、目覚めを内側から見ると、どんな感じか説明してきましたが、ここでは、目覚めという経験の周りを雲のように漂っている誤解について述べたいと思います。この本も含めて多くの本が、本来は言葉で説明できないものについて、あまりに多くのことを語ってきたので、誤解や混乱が蔓延しているのも無理ありません。たとえば、悟りを求めて、サットサン（訳注：サンスクリットで、真理を求める仲間の集まりの意）やリトリートを渡り歩いている人たちがいますが、その姿はまるで、貴重な考古学的財宝や聖遺物でも探しているかのようです。彼らは、悟りを宝物のように自分の手柄として持ち帰り、友達に見せびらかそうとしているように見えます。その一方で、本を少しばかり読み、何人かの先生に「あなたはすでに目覚めている」と請け合ってもらったので、満足している人たちもいます。目覚めを達成しようとしたり、手に入れようとすると、それはあなたの手の間をすべり落ちてしまいます。しかし、ちゃんと自分で目覚めを経験しないと、それが花開くことはありません。

## 伝説1　目覚めは、ただのスピリチュアルな経験に過ぎない

どんなに強力なものでも、スピリチュアルな経験のほとんどは、一時的な洞察やエネルギーの状態に過ぎません。それはすべからく変化して、コンピューターのスクリーン上のイメージのように消えていってしまいます。結局のところ、最も意義深い出来事でさえ、本質的に一時的なものなのです。悟りとは、時間と空間の中にある状態や出来事ではありません。それは、自分がスクリーンそのものであると気づくことです。あなたは、時を超えた不変の空間、グラウンドであり、その中ですべての状態が起きては消えていくのです。そして、あなたは、音や活動の背後の不動の静けさなのです。

もちろん、自分がすべてのものと一体であると気づいたり、無条件の愛が強力に流れ出すのを感じるのは感動的な体験です。クンダリーニが劇的に上昇してチャクラが輝き、頭頂から閃光がほとばしれば、気分も高揚するでしょう。しかし、自分とは、この目を通してすべてを見ている意識——空っぽでつかみどころのない、光り輝く意識であると気づき、アイデンティティに永続的な変化が起きない限り、こうした経験によって、時を超えた真の自己に目覚めることはありません。どんなにエキサイティングな経験も、やがて記憶の中にかすんでいってしまうのです。突然の稲妻の閃光によって、空っぽの大空の広大さに気づかされるように、スピリチュアルな経験も、それが生じる意識の広大さを指し示す素晴らしい指示棒

となりえます。

## 伝説2　悟ることができる

悟ることはできないし、悟った人になることもできません。あなたはすでに悟っています――しかし、悟りをつかまえて、自分のものにしようとする瞬間、悟りは、あなたの広げ過ぎた指の合間を滑り落ちてしまいます。悟りとは、誰かに属するものではありません。なぜなら、悟りとは「分離した自己は存在しない」と、はっきり認識することだからです――「経験する自分」がいないとき、すべてはありのままで完璧で完全なのです。大方の予想に反して、スピリチュアルな目覚めは、あなたに何ももたらしてくれません。むしろ、目覚めは、あなたが今まで自分のものだと思っていたものを奪い去ります。分離した自己がいないとき、比べることも理解することもできないリアリティの真実が、おのずから明らかになるのです。

心は、悟りを特別な賞品としてつかまえようとしますが、バケツで月をつかまえようとする子供のように、その努力は失敗に終わるものと決まっています。ウパニシャッドの言葉を借りれば、「私はそれ（完全で不滅なる、すべてのものの真の自己）である」（I am That）と気づいたとき、まず自然に湧き上がってくるのは誇らしさや達成感ではなく、深い謙虚さと無限の感謝の念です。というのはそのとき、あなたは自分が神聖なる神秘に生かされていることを理解するからです。

## 伝説3　悟りとは、努力の末に達成するものである

もし、あなたが漸進的な道を修行しているなら、目覚めとは、何年も熱心に努力した結果、得られるものだと教わったかもしれません。そうでなくても、私たちの文化では、勤勉な努力によって成功することに重きが置かれています。悟りという遠くそびえる山を目指して、長く骨の折れる道を進まなければならないという、ありがちなイメージを、あなたも受け入れているかもしれません。しかし現実には、すべての努力を突然、放棄したとき、本物の目覚めが起こることが多いようです。何年も背負ってきた重荷を自然に手放したり、すべての希望を思いがけなく完全に諦めたりしたとき起こることが多いのですが、これはアルコール依存症克服のための12ステッププログラムで「底が抜ける」と呼ばれる体験です。人生の危機の最中に目覚める確率は、瞑想リトリート中に目覚める確率と変わらないのです。

私の友人で師でもあるアジャシャンティは、瞑想があまりにも下手だったおかげで、偶然、目覚めを見つけることができたと、よく言っています。エックハルト・トールは、ある晩、自己嫌悪の発作に駆られながら眠りにつき、翌朝、起きたときには、完全に自己の感覚がなくなっていました。バイロン・ケイティは更生施設で、怒りと憂鬱に苛《さいな》まれていたとき、ゴ

キブリが自分の足を這っているのを見て、その足が誰のものでもないことに気づきました。ジョン・レン＝ルイスはインドネシアのバスの中で、食中毒で死にかけた後、何の準備もなく目覚めました。純粋な覚醒状態はあなたの生まれ持った権利であり、自然な状態です。それはどんなときも、常にあなたの意識の中にあり、手に入れることができるのです。あなたはただ、すべての努力を手放し、すでにそうである自分の中に死ねばいいのです。人生の危機や困難が、この「死」をもたらしてくれるなら、ただ、それを受け入れましょう。

## 伝説4　悟るには、エゴを破壊することが大切だ

西欧の文化は、努力や達成することにとらわれているので、悟りを得るにも、努力奮闘しなければならないと勘違いしがちです。だから、目覚めるためには、エゴを抹殺して、その死体を真の自己という名の海に投げ捨てなければならないという誤った考えを発達させてきました。しかし、エゴはあなたの宿敵ではありません。それは単なる機能に過ぎません。あなたが生存し続けられるよう監視し、コントロールを維持するという役目を自分に課し、勤勉に仕事をこなしているだけです。

目覚めると、エゴのありのままの姿を見ることができます――それは、思考、感情、記憶、信念の集まりですが、アイデンティティの感覚によって、ひとつのものとして結びつけられ

ています。そして、目覚めると、エゴが真の自分であると勘違いすることもなくなるし、エゴの指示に従わなければならないと感じることも、もうありません。目覚めることで、すべてを受け入れる中立的な空間がひとりでに現れ、エゴはもうあなたの邪魔をしなくなります。なぜなら、エゴもその空間の中で十分なスペースを与えられるので、あなたの人生を支配することなく、その限られた役割を果たすことができるのです。その方向性はしばしばまちがっていますが、エゴはあなたの面倒を見ようという善意を持っているので、あなたはエゴに対してある種の慈しみすら感じるかもしれません。エゴも含めて、すべてがありのままで完全なのです。たとえ、エゴがそうではないと主張しても。

## 伝説5　目覚めると改善され、究極的に完璧な自分になれる

多くの人が、スピリチュアルな道とは、究極的な自己改善プロジェクトだと思っています。そして、目覚めれば、人格的な問題がすべて解決し、親切で徳がある人になれると期待しています。こういう人たちに、私は、こう言います。「完璧な自分をお探しなら、道をまちがっていますよ。高速道路の出口を五つ引き返したら、『自己啓発』という標識で右に曲がってください」。実際には、目覚めはあなたを、自己改善が必要だという考えから解放してくれます。というのも、目覚めることで、体や心、人格こそが自分であるという考えから解放さ

れるからです。そして、体や心、人格は、前より自然で効率的に機能するようになります。善良でスピリチュアルな人間はこうあるべき、こうふるまうべきといった考えを自分に押しつけるのをやめれば、分離した自己のドラマ——「自己改善」というドラマも含めて——に縛られることはもうありません。そして、表面的に欠点があっても、もっと自然に、完璧に、自分自身であることができるのです。

## 伝説6　悟ることで、全知全能になる

むしろ、その反対です。悟りによって、何も知らないということ、とりわけ真の自分の謎を知らないということに対して、完全に楽な気持ちでいられるようになります。前にも述べたように、本当の自分の真実を、知性によって知ることはできません。それを知るには、それであるしかないのです。知性が知ろうとするのをやめたとき、真の自己実現が花開きます。悟ることで得られる唯一の素晴らしい能力は、どんな状況においても心の葛藤や自己批判なしに、ごく自然に適切にふるまえるという自由です。禅のマスター、龐居士《ほうこじ》は、こう言っています。「私がしているスピリチュアルな活動は、ただ薪を切って水を運ぶことだ。それが私の奇跡の力だ」。

## 伝説7　もうすでに悟っているのだから、探求する必要などない

努力して達成することへの執着の裏返しとして、この放任主義的な目覚めへのアプローチがあります。しかし、このやり方は、第1章で述べた門なき門の外側にあなたを置いてしまいます。たしかに、あなたは悟っています。しかし、実際に、この特定の「心と体から成る自分」に悟りが訪れない限り、それは抽象的な概念に過ぎず、あなたを苦しみから解放したり、あなたの現実的体験を変容させる力はありません。これこそが、目覚めのプロセスの核心です。分離した自己は決して悟ることができませんが、逆説的なことに、真の悟りは、分離した自己に根を下ろし、そこで花開かなければならないのです。古い禅の言葉を借りると、そのとき初めて、枯れ木に実がなり、石女《うまずめ》が夜中に子供を産むのです。

### 呼吸と内省のエクササイズ

すべての目覚めの体験がユニークなものだということを覚えておいてください。あなたの目覚めも、この本を含めて、今まで読んだ本に出てきた体験とは違っているかもしれません。究極的に、目覚めることは、あなたの生まれ持った権利であり、自然な状態なのです。それは、すでにいつでもここにある目覚めに気づけるかどうかという問題に過ぎません。

## 目覚めが本物だ、と自分で証明できるのか？

それでは、自分の目覚めが本物だと、どうしたらわかるのだろう？と、あなたは疑問に思うかもしれません。禅の伝統では、名声の確立した師に、自分の目覚めが本物かどうか評価してもらうのが一般的です。そして、目覚めを研ぎ澄まして深めるため、師にさらなる修行を指導してもらいます。しかし、このような師に個別指導してもらうには、通常、特定の組織に所属して、一定の瞑想修行に取り組まなければなりません。それに、こういう組織に入りたいと思ったとしても、たまたま近所に禅センターがあるとは限りません。アドヴァイタ・ヴェーダンタの教師のほうが数が多くて身近ですが、最低限の経験しかないのに、自分は悟りを得たと主張し、教師だと名乗る人物があまりに多いので、どの教師が本物か見極めるのは難しいでしょう。良くも悪くも、スピリチュアルな教師に対する免許発行委員会はないのです！

最終的に、自分が目覚めたかどうか、はっきりわかるのは自分だけです。あなたの目覚めは、私がこの章の初めで説明したものに似ていますか？　アイデンティティの位置が「小さな心《マインド》」から「ビッグ・マインド」にシフトしましたか？——それとも、完全に消えてしまいましたか？　以前よりも満ち足りて、心の平安を感じ、自動的に反応することが減りましたか？　探求は終わりましたか？　偉大なマスターや賢者の教えを読めば、目覚めたときはたいてい自分でわかるものだということに気づきます。たとえスピリチュアルな知識がまったくなくても、たいていの場合、悟りはまちがえようのないものなのです。エックハルト・トールは、自分の経験した平和と畏敬の念が、真のスピリチュアルな変容によってもたらされたものだと、禅のマスターに請け合ってもらう必要はありませんでした。バイロン・ケイティやロバート・アダムスの場合も、同様でした。（しかし、ごくまれに、スーザン・シーガルの場合のように、恐れがあまりに強烈なので、一時的に心の病とまちがわれてしまうこともあります）

真の目覚めにおいては、あなたという存在の真実が、あなたを通して自分自身を認識するのです。このプロセスは、鏡をのぞきこむのに似ています――あなたはすぐに、鏡の中の顔が自分自身だとわかります。禅では、一時的に正気を失った若い女性の話が伝えられています。この女性は、そこら中を走り回って、自分の頭がなくなったと言い張ります。やがて、家族や友人が彼女を鏡の前に立たせると、鏡に映った自分の顔を見て、正気に返ります。この寓話には、明らかな教訓が含まれています。目覚めていない状態というのは、実際、ある種の狂気と言えますが、明晰な自己認識によって、一瞬のうちに癒されるのです。問題は、正気に返った後、知性がコントロールを取り戻そうとするとき起こります。知性は、あなたが経験したことを疑い始めたり、もしくは、悟りは自分のものだと主張したりするのです。

（Q&A）

**普段、毎朝、目覚めるときは、夢を見ている状態から、目覚めている状態に変化します。しかし、スピリチュアルに目覚めるときは、あるリアリティから別のリアリティに移行したりはしません。この違いを、もっと説明してもらえますか？**

このふたつの目覚めを比べると、誤解を招きます。スピリチュアルな目覚めとは、分離という夢から覚めることです。ショーを演じている「分離した自己」は存在せず、分かつことのできないひとつのリアリティが自分自身を生きているだけだと気づき、その気づきを保ち続けることです。朝、普通に目が覚めたとき、夢の世界と接触を失うように、スピリチュアルに目覚めた人が、通常のリアリティと接触を失うということはありません。実際、スピリチュアルに目覚めた人たちは、葛藤したり抵抗することなく、ありのままの物事と調和しているので、より効率的に日常生活を送っているように見えます。それと同時に、彼らはリアリティが空で夢のようなものだということもわかっています——物事に実体があるという幻想から、つかみどころのない空なるリアリティに目覚めたのだと言うこともできるでしょう。スピリチュアルに目覚めた人は、「世界の中にいるけれど、世界に属してはいない」のです。もしくは、ウォルト・ホイットマンが言ったように、「ゲームの参加者であり、観客でもある」のです。

◇◇◇

**あなたは、「私」が目覚めることはないとおっしゃいました。となると、自分は目覚めたと主張している人たちはどうなるのですか？　単に混乱しているだけなのでしょうか？**

絶対的なレベルでは、目覚めたと主張することは、息をしていると主張するのと同じことです。目覚めた状態があなたの本質であり、目覚めて**いない**状態にあることはできないのです。一方、相対的なレベルでは、私は目覚めたと主張することは、「アイデンティティの位置が変わり、自分が本当は誰か知っている」ということを、単にわかりやすく言い換えているだけです。しかし、本当にゆるぎなく自分の本質を理解した人は、何か主張したり、自分の立場を擁護しようとしたりはしません。そういう人たちは、他の人がどう考えるか気にしません。私の先生のジャン・クラインは、よくこう言っていました。「私たちの本質というものは、主張することも、否定することもできないものです」。

## ウェイク・アップ・コール

### 目覚めへの呼びかけ

**意識の無限なる身体に目覚める**

十五分から二十分くらい、この探求のために時間をとります。まずは目を閉じて、五分ほど、静かに座りましょう。意識を、座るという経験に向けて、体を自然にリラックスさせます。そうしたら、意識を身体の全感覚に対して開きます。熱や圧力、脈拍、エネルギー、心地よさ、痛み、軽さ、重さなど、瞬間ごとにいろんな感覚が感じられるでしょう。しかし、特定の感覚に意識を集中しないでください。全身に広がる、豊かで多次元的な感覚の戯れに、ただ気づいていてください。体に関するイメージや考えが浮かんできたら、すべて脇に置きます。たった今、経験している感覚の戯れだけが、あなたの身体のすべてです。

頭の中の感覚にも気づいてください。あなたが自分のものだと思っている顔の感覚や、思考が脳のあたりに生じるときの感覚にも、意識を開きましょう。名前を付けたり、解釈したりして、思考のフィルターを通さず、感覚を直接経験してください。

数分したら、体の境界線が自然に溶け出し、身体の「内側」の感覚と「外側」の経験が融合するのを感じます。あなたの意識は今、身体の内側と外側、すべての感覚に開かれています。実際のところ、内と外という区別は、もはや意味を成しません。すべてが、あなたの内側で起こっているのです。

今、述べたことがよく理解できない場合は、ただ、身体の境界線が溶けて、意識が無限に広がるのを感じてみてください。中心も縁《ふち》もない、前後、左右、上下と、自分の周りに広がる無限のスペースを感じましょう。この尽きることのない意識こそが、真のあなたです。あなたは、すべてのものを生み出し、包みこんでいる「グラウンドのないグラウンド」です。あなたは、形あるものを表現して楽しんでいる無限の意識です。どこを見ても、分離した自己などというものは見つかりません――あるのは、ただこれだけです！

すべての境界線や思考を手放し続け、尽きることのない意識という「グラウンドのないグラウンド」に自らをゆだねてください。何かにしがみつく必要はありません。この無限の広大さこそが、真のあなたなのです。

# 第7章

# 目覚めの後で

心は常に、自分が物語のどのページにいるのか知りたがります。
本を閉じて、しおりを焼き捨てましょう。
物語は終わりました。そして、ダンスが始まります。

私は、師ジャン・クラインのリトリートに何度も参加しましたが、あるとき、そこで自然に経験する心の安らぎと、それ以外のほとんどの時間に感じている閉所恐怖症的ストレスの落差に衝撃を受けました。その数年前、私は自分の本質を垣間見たのですが、日常生活を送る中で、心が作り出す恐れや最悪のシナリオを再び信じこむようになっていたのでした。最初の目覚めは経験したのに、再び、まどろみの状態に戻ってしまったのです。

グループで話し合うとき、私はジャンに自分の状況を説明しました。すると、ジャンは、私がどこに行くときも背負っている信念や記憶という重荷を降ろしてしまったらどうかと言いました。今まで一生かけて溜めこんできた条件付けをいっぺんに手放すことができるというジャンの言葉に、私は勇気づけられました。しかし、どうしたらそんなことができるのか、見当もつきませんでした。心は圧倒的な力を持っているように見えました。

少し考えてから、私は言いました。「おっしゃることはわかります。心の奥底では、自分が本当は何者なのかわかっているのです。でも、古い信念や物語が強烈過ぎて、つい忘れてしまうのです」

「忘れてしまう」困惑したような微笑を浮かべて、ジャンは繰り返しました。「それが究極の忘却です」。しばらく沈黙したのち、ジャンは両手を合わせて部屋を去りました。対話は終わり、私は自分自身の忘却の力について、思いを巡らせ続けました。

## 自分が誰か忘れる

目覚めた後に、心がコントロールをとり戻そうとすると、ジャンが述べた「究極の忘却」が繰り返し起こります。この忘却は、心のさまざまな活動に伴う、単なる副産物ではありません。この忘却こそ、心が存在する理由であり、心の仕事なのです。心は、目覚めの開かれた広大さや神秘に脅威を感じるので、なんとかしてそれを覆い隠そうとするのです。

私たちは大海のような一体感や開かれた感覚を持って生まれてきたのですが、人生の早い段階に、そのことを忘れるよう、家族や文化によって仕向けられます。そして私たちは、自分が特定の名前やアイデンティティを持った「分離した個人」であると考えるようになります。たとえば、子猫や花、おもちゃといったものを、「拡張された自分」、「自分という存在の表現」としてとらえるのではなく、自分の目的のために利用する物体として扱うことを覚えます。また、内も外もすべてを含む無限のエネルギーや光のフィールドとして、自分自身を経験する代わりに、自分とは思考や皮膚といった境界線で区切られた有限の存在に過ぎないと教えこまれます。時が経つにつれて、あなたは自分を定義し制限する特質をますます多く獲得し、アイデンティティは狭まっていきます。いい子、悪い子、怖がり屋、パパの小さなプリンセス、運動神経抜群、頭の悪い子などといったアイデンティティを身につけ、家族や友達の目に自分がどう映っているのかを知りますが、本当の自分との接触を失ってしまいます。

子供時代を通して、私たちは両親や兄弟、親戚、友達と無数の交流を経験します。心は、そうした経験を内面に取りこみ、自分とリアリティに関する幾層にも重なった複雑な考えやイメージを作り上げていきます。心理学者のジェームズ・ビューゲンタールはこれを、「自己—世界構築システム」と呼んでいます。それは、自分や他人に関する考えや物語から成る曇ったレンズ、もしくはヴェールのようなもので、私たちはそれを通して、自分自身や自分の周りの世界を見るのです。

子供時代の他者との交流がだいたいにおいて快適だった場合、自分は善意に満ちた世界に住んでいると考えるようになり、人生に起きる出来事をリラックスして受け入れようとします。その結果、自他の境界線は緩やかで融通の利くものとなり、緊張したり心配したりせず、人生をありのままに受け入れることができるようになります。しかし、身近な人との関係がストレスと苦痛に満ちている場合——何かまちがったことをしたら、愛情を失ったり、こっぴどく叱られたり、恥をかかされたりすると恐れているような場合——、自分は注意深く物事をコントロールしなければならないと考えるようになります。その結果、境界線は強固で窮屈なものとなり、リラックスして人生の流れに身をまかせることは難しくなります。

言うまでもないことですが、私たちは生涯を通じて無数の交流や経験を蓄積し、それぞれ独自の「自己—世界構築システム」を築きます。ポジティブで元気づけるような要素と、ネガティブで脅威的な要素が混ざり合うのは、避けられないことです。しかし、あなたの子供時代が、概して楽しいものだったとしても、苦痛に満ちたものだったとしても、あなたの境界線が基本的に窮屈なものだとしても、緩やかなものだとしても、あなたの人生観が善意に満ちたものだとしても、悪意に満ちたものだとしても、いずれにしても、あなたは人生をコントロールしたいという衝動を持ち続けます。程度の差はありますが、それは分離した自己の本質的な要素なのです。

## 呼吸と内省のエクササイズ

自分の本質を垣間見たのに、その後、それを忘れてしまうという経験をしたことがありますか？　あるとしたら、どんなふうに忘れてしまったのですか？　自分の本質を失ってしまったのですか？　それとも、それは単に、意識の背景に退いただけですか？　今、この瞬間、自分が誰か思い出せますか？

## エゴの強固なコントロール

この、人生の流れをコントロールしなければならないという思いは、人類共通のものです。どういうわけだか、私たちは、自分の幸福や命が、それにかかっていると感じてしまうのです。このコントロールしたいという気持ちは、多くの場合、太陽神経叢や下腹部など、腹部の緊張感として感じられますが、思考や感情、イメージ、記憶をひとつにまとめ上げて「幻想の自分」を作り出す接着剤の役割を果たしています。自分は分離した個人だと信じていると、あなたは他人や物事が自分から分離して、自分の外側にあるのだという誤った考えを抱き、なんとかして他人や物事をコントロールしようとし続けます。分離を維持し、どんな状況下でもコントロールし続けるようプログラムされた心のメカニズムを、通常、「エゴ」と呼びます。本質的に、エゴはいつでも、ありのままの物事のあり方に抵抗して悪戦苦闘し続けます（この章では、以後、「エゴ」という言葉と「自己─世界構築システム」という言葉を、だいたい同じ意味で用います）。

真に目覚めると、エゴの正体──分離感とコントロール欲によって、ひとつにまとめ上げられた幻想の構成物──をついに突き止めることができます。そして、自分は観察者であり、静かなる存在であり、この構成物が現れ出る無限のスペースなのだと理解します。この変容的な洞察を得ると、構成物は、少なくとも一時的に、あなたを支配する力を失います。しかし、この構成物は長い時間をかけて築き上げられ、人生の生き残りがかかっているような状況において、その力を増してきました。だから、エゴは強固な力を持っており、抵抗することなくコントロールを手放したりはしません。ごくまれに、完全な目覚めが起こり、自己の分離感が一瞬で消え、二度と戻ってこないこともあります。しかし、第6章で述べたように、多くの場合、目覚めは単にアイデンティティの位置をシフトさせるだけなのです。目覚めは、あなたの領主として居座ってきたエゴを、王座から引きずりおろしますが、完全にエゴの力を奪って追放することはありません。ゆえに、エゴは必然的にまた戻ってきます。失脚した独裁者のように、弱って、混乱していますが、領地のコントロールを取り戻そうとしているのです。

このプロセスは対立的なものとして感じられるので、私は今、エゴを敵対するものとして描き出しました。しかし現実には、何の対立も葛藤もありません。あるのはただ、神のダンス、もしくは具現化された意識だけです。そして、エゴを追放する必要もありません。ありのままのエゴの姿を見つめ、あなたがすでにいつでもそうであった、すべてを含む広大な存在の中でくつろげばいいのです。エゴには果たすべき役目や計画がありますが、それを真の自分だと考えるのをやめればいいだけのことです。ラマナ・マハルシが言うように、エゴとは、真の自分によって地面に投げかけられた影に過ぎず、実在するものではありません。エゴとのつき合い方に関しては、残りの章でも詳しくお話しします。

## どのように、そして、なぜ、エゴは真実を曇らせるのか

一般的に言って、スピリチュアルな目覚めは、至福に満ちた開放的な経験です。自動的に反応してしまうことから解放され、すばらしい心の平安や喜び、愛が何週間、何カ月と続くこともあります。しかし、長期にわたる不安感や混乱がともなうこともしばしばです。どちらにしても、あなたは、想像しうる限り、最も深いパラダイム・シフトを経験したのです——あなたはこれまでずっと、「分離した自己」が自分の宇宙の中心だと思い、ずっとそれに仕え、世話をしてきましたが、それは壮大な幻想であることが明らかになったのです。この意識の地殻変動の備えとなるスピリチュアルな教えに出会えたとしても、今まで慣れ親しんできた世界が目の前で崩壊するにつれ、恐怖と混乱を感じてしまう可能性があります。

特にエゴは、輝ける空性があなたの本質であると明らかにされると、脅威を感じます。あなたに真の自己を忘れさせるため、できることはすべてするでしょう（それこそが、エゴの仕事であり、存在理由であることを思い出してください。エゴは、大変長い間、この仕事を

見事にこなしてきたのです）。エゴは、自分を、特定の人生経験――すべての苦しみや喜び、成功や挫折――を持つ分離した個人だと考えることに、全力をそそいできました。だから、自分を失うことを、非常に恐れているのです。エゴのとる作戦は、荒っぽいものから微妙なものまでさまざまです。目覚めを単なる概念に貶《おとし》めようとすることもあれば、自分に都合のいいように目覚めを利用しようとすることもあります。しかし、いずれにしても、もたらされる結果は同じです。あなたが目覚めた真実は曇らされ、歪められ、エゴがコントロールを取り戻すのです。エゴのお気に入りの戦略を七つほど、ここに挙げてみましょう。

## 目覚めが起こらなかったふりをする

そもそも目覚めに興味がなかった場合や、目覚めが強烈で不安な経験となりえることを理解していなかった場合、まるで何も起きなかったかのように、今まで通りの人生を送ろうとすることがあります。今まで通り、物事を達成し、物を手に入れ、ドラマの役割を演じることに興味を持っているふりをするのです。しかし、目覚めたものの見方は、何度も戻ってきます。それは、足元に開いた深淵のように、核心にある空《くう》を示します。もしくは、心の向こう側の旋風から、真実を語りかけてきます。どんなに頑張っても、人生を再び、今まで慣れ親しんできた心地よい小さな箱の中に押し戻すことはできないのです。あなたは今、地図にも載っていない無人の地にいるのです。古い地図は役に立たず、新しい地図はまだ描かれていない――もっと正確に言うと、新しい地図を描くことはできません。リアリティは常に変化し続けているから、定まった方向性には従わないのです。ゆくゆくは、新しいアイデンティティの居場所を、自分で見つけなければなりません。

私の生徒のひとりはソフトウェア会社で、収入がよく、注目も浴びる仕事をしており、地位と権力を手にしたと感じていました。目覚めの後、地位と権力は以前の輝きを失い、彼は自分の仕事が、不正に人を操る性質のものであることに気がつきました。しかし、彼は、何事も起きなかったかのようにふるまい続け、自分の不安を打ち消そうとしました。変化を起こし、今までしがみついてきたライフスタイルを失うことを恐れていたのです。

## 自分の目覚めを疑う

自分の目覚めが、今までに本で読んだものと違う場合、本物ではないと思ってしまうことがあります。また、目覚めた後も、まだ怒りや恐れを感じるので、自分の目覚めはどこか不十分なのだと考えることもあります。あなたはこんなふうに考えるでしょう。「エックハルト・トールのような人は、一晩のうちに自己嫌悪から至福に至り、ネガティブな感情がなくなってしまったのに、私はただ、ほんの一瞬、自分は存在しないと気づいただけだ。私の目覚めは、十分ではない」。

しかし、真の目覚めにもいろんな形とサイズがあり、あなたの生き方やあり方を即座に完全に変容させるとは限りません。あなたは単に、自分が本当は何者か発見したに過ぎないのです――変容が起きるかどうかは、エゴがどれだけ巧みに変容のプロセスを妨げるかにかかっています。スピリチュアルな超自我（スーパーエゴ）は、あなたの得た気づきを、偉大なマスターたちの悟りの体験と比べて、まだ不十分だと考えることを好みます。エゴがコントロールを保つのに、これ以上いい方法があるでしょうか？

## 目覚めを自分の手柄にする

目覚めが自然に花開き、自己の空性を明らかにしていくのを許さず、エゴは目覚めを自分の所有物だと主張して、真実の輝きを曇らせます。エゴは、目覚めた「分離した自己」というフィクションを作り出しますが、これは非常に矛盾した言葉です。悟りを得たと自称するスピリチュアルな教師が巷にあふれている状況も、このエゴの戦術が非常によく使われていることを示しています。このエゴの戦術は、「エゴの膨張」とか「スピリチュアルな酩酊状態」などと呼ばれますが、前にも述べたように、誰も悟ることはできないし、悟りは誰のものでもありません。悟りは物でも、心の状態でもないからです。それは、すべてのものの目に見えない主体であり、すべての経験の背後にある神秘的で理解を超えたバックグラウンドであり、すべての現象を照らし出す光なのです。つかもうとすると、それは指の間をすり抜けてしまいます。しかし、手放せば、それはあなたの手の中に満ちるのです。

ウパニシャッドなど、偉大な書物にたびたび出てくる「私はそれ（究極的なリアリティ）である」（I am That）という言葉も、分離した自己が何らかの形で絶対的なものを含んでいることを意味してはいません。この言葉は単に、分離した自己は存在せず、絶対的なものだけが存在するということを意味しています。完全に自己を認識すると、どんなアイデンティティも、真の自己という大海の中に溶けて消えてしまいます。たとえ、究極的なリアリティを伴うアイデンティティでも、同じことです。

しかし、心は至福や愛など、特定の心の状態にしがみつこうとするでしょう。「私は至福と平和に満ちている」と、心は得意になって自分に言います（おそらく、他人にも自慢するでしょう）。「これこそ、私のスピリチュアルな達成の証だ」。しかし、このようにねつ造された感情は、目覚めとは何の関係もなく、放っておけば自然にやって来て自然に過ぎ去ってしまうものです。目覚めとは非個人的なもので、何らかの状態ではありません。すべての状態が起こっては消えていく間も、それは変わることなく、そのままであり続けるのです。

## 目覚めを得たり、失ったりを繰り返す

心は、「今は目覚めている」「今は目覚めていない」というふうに考えます。心は目覚めを追いかけながら、「あるときは目覚めをつかまえていたのに、今はなぜかどこかに目覚めを置き忘れてしまった」と信じているのです。目覚めを所有することはできないので、目覚めを失うこともできません。しかし、心は、悟りとはある特別な経験であると勘違いして、それを何度も再現しようとします。「以前は、とてもオープンで、広々として、愛に満ちていて、自分は空であると感じていたのに、今はそうではない」と、心は言います。「多分、私はもう悟ってないんだろう。何が何でも、もう一度、あの状態を取り戻さないと」。

こういうことが起きるので、「目覚め」という言葉は誤解を招くことがあるのです。「目覚め」と言うと、なにか、時間と空間の中で起きた出来事を指しているように感じられますが、実際のところ、目覚めとは、時間も境界もない存在の次元を瞬間的に認識することです。この認識に伴うエネルギー的現象――至福感のほとばしり、愛の高まり、深い平安など――はとても魅力的です。が、大事なのは、移ろいゆく状態に注意を向けることではなく、目覚めにオープンであることです。あなたの本質として明らかになった、時間を超えた存在に対してオープンであることです。一度、結婚したら、何度も結婚式を再現しようとしたりせず、パートナーと人生を今、分かち合って楽しむように、目覚めを何度も再現しようとする必要はあ

りません。ただリラックスして、目覚めがあなたを通して明らかにされていくのを受け入れればいいのです。

## 超越の中に隠れる

スピリチュアルな人たちは死ぬことより、生きることを恐れがちだと、アジャシャンティは言います。目覚めがもたらす強力な変容のプロセスを経た後、世界に積極的に参加せず、孤立した目撃者としての立場にとどまることを選ぶ人たちもいます。こうしたエゴの戦術は「禅病」とか「スピリチュアルな迂回路」と呼ばれたりもしますが、本来、いきいきとしたリアリティである目覚めを、固定された立場や視点に変えてしまいます。そして、目覚めが自然に深まり、日常生活の中で体現されていくのを妨げます。

たとえば、「行為者」などいないのだから何もしなくていいと主張し、頑固に無気力な日々を送る人がいます。そういう人は、社会の周辺部にとどまり、超然とした冷静な態度をとっていますが、無反応で融通が利かず、訳知り顔の薄笑いを浮かべていたりします。人間関係では、適度に周囲と交流するものの、とりつくろった平静さの中に引きこもり、困難が起きても平気だし、何も感じないというふりをします。「はあ？　私は怒ったり動揺したりしません。だって、私など、本当は存在しないのですから」。このようにして、エゴは、恐ろしくて混乱に満ちた世界から退き、目覚めを言い訳にしてコントロールを保ち続けるのです。ゲームの展開をコントロールできないなら、そもそもゲームに参加しない、というわけです（スピリチュアルな迂回路については、第9章でもっと詳しく説明します）。

## 空を恐れる

初めて、存在の核心で空に目覚めるときはたいてい、広大で光り輝き、静かで、愛に満ちたものとして空を経験します。しかし、この経験の豊かさと完全さが薄らぐにつれて、エゴはそれを恐れ始めます。意味とアイデンティティが失われてしまい、何の助けもなく、底なしの深淵の中を永遠に落ち続けていくように感じるのです。子供の頃、十分に世話をしてもらえなかった人は、この空の体験に、無力な子供時代の寂しさや孤独感を投影してしまうかもしれません。また、虐待されたことのある人は、空に襲われるのではないかと感じるでしょう。本質的に、エゴは自分が消え、コントロールを失うことを、再び恐れ始めます。別の次元では、エゴは自分が、存在の大海の中に溶けて消えることを望んでいるのですが（そうでなかったら、そもそも目覚めを追求したりするでしょうか?）。

私の友人のスーザン・シーガルは（彼女の目覚めのストーリーは、第6章で紹介しました）、分離した自己の感覚がすっかり消える経験をしましたが、その後数年間、自分を見つけようとするたび、欠落感に襲われ、恐怖の中で過ごしました。しかし、ジャン・クラインに出会い、内側に自分を探そうとするのをやめるようアドバイスされました。この指示に従ったところ、スーザンは、すべてのものが自分の「真の自己」なのだと完全に理解し、無我の空性が徐々に花開いていきました。

これはつまり、分離した視点から、知性で空を理解しようとしてはいけないということです。そうではなくて、心を自然に空に溶けこませ、空が空自身に出会う**として**、世界をながめるのです。空は、あなた自身です。空は、あなたが知覚する対象物ではありません。このシフトが、恐れを解放し、深い平和と、存在の安らぎをもたらします。

## 冬の時間に、道を見失う

初めて自己の空性に目覚めた後、突然、人生の魅力が失われ、無味乾燥で退屈なものに思われることがあります。「人生に何の意味があるんだ?」と、あなたは思うかもしれません。「どのみち、何もかも空なんだから」。特に、終わりなき至福と喜びの人生を期待していた人は、がっかりして幻滅するでしょう。スーザン・シーガルは数年間、諦めと退屈の中にとらわれていましたが、この経験を「冬の時間」と呼んでいます。ここで再び、知性は空を具体的なものとして扱おうとし、「空とは意味の欠如である」と結論づけます。この問題を解決するには、空を概念としてとらえようとするのをやめ、空のいきいきとしたリアリティの中に溶け入り、自分をゆだね続けることです。そうすれば、やがて、すべてのものの源として、空が花開きます（もちろん、空はすでに、すべてのものの源、本質なので、これから花開くわけではありません。本当に花開くのは、あなたの気づきです）。

### 呼吸と内省のエクササイズ

自分の本質を垣間見たことがありますか？　もしそうなら、真実を曇らせ、あなたを再び眠りに引き戻すため、あなたの心がどんなことをしてきたか、考えてみてください。

## エゴの戦略と、どのようにつき合うか

エゴの戦略に対する最も効果的なアプローチは、その実態を認識することです——つまり、エゴは巧妙に、目覚めのプロセスを遅らせたり、脇にそらせて、コントロールをとり戻そう

としているのだと気づくことです。そうすると、わずかな間ですが、エゴの戦略はすぐに弱まります。そうしたら、自分自身に「誰が気づいているのだろう?」とたずねます。すると、凝り固まった状態から再び解き放たれ、純粋な意識そのものとして、安らぐことができます。味気なく、距離を置いた態度ではなく、全存在でいきいきと意識の状態にとどまれば、エゴの戦略も弱まっていきます。そして、あなたの新しいアイデンティティも深みが増し、より安定したものとなっていくでしょう。

## 真実の炎を灯す

ひとたび、真の自分を知ると、アジャシャンティが言う「真実の炎」に火が灯されます。最初のうち、それは小さな赤い炭のようですが、やがて、激しい大火となって、すべての偽りを焼き尽くしながら進んでいきます。真実は、私たちを通して、自分自身に完全に目覚めることを、最初から心に決めているようです。一度、瓶から精霊を解き放ったら、それを瓶の中に押し戻すことはできません。あなたが今まで大事にしてきた信念、価値観、思いこみも危険にさらされ、あなたの目の前で灰となって燃え尽きるかもしれません。第2章で述べたように、チベットのチョギャム・トゥルンパ・リンポチェ師は、スピリチュアルな旅に出る前にもう一度よく考えるよう、生徒たちに警告していました。というのは、一度、旅に出たら、もう二度と戻ってこられないし、真実の力、もしくはダルマに人生を徐々に乗っ取られてしまうからです。

もし、自分のために何か得ようとして、「目覚めのゲーム」をプレーしているなら、あなたは驚き、失望することになるでしょう。なぜなら、今まで成し遂げてきたことや所有物、快適さ、アイデンティティなど、想像以上に多くのものを手放さなければならなくなるからです。つまり、あなたが今まで大事に握りしめていたものすべて、プラス、それ以外にも色々、失うことになります。真実は真実以外のなにものも要求しません。そして、目覚めの後に続く変容の旅路において、徐々に真実が体現され、人生のすべての領域で実現されていきます。

（Q&A）

**目覚めた後、いわゆるエゴに何が起こるのか、まだよくわかりません。エゴは自分ではないと完全に気づいた後、どうやってエゴは存在し続けるのですか？　目覚めた後も、エゴにはまだ重要な目的や、果たすべき役割があるのでしょうか？**

非二元において、エゴという言葉は、自己同一化、執着、コントロール中毒といった「接着剤」を指します。それは、さまざまな思考や感情をくっつけて、分離した自己という幻想を作り上げます。目覚めたとき、あなたはこの幻想を見抜き、接着剤の力も弱まり始めます——完全に力を失うまでには、時間がかかるかもしれませんが。西洋の心理学では、エゴという言葉を、少し違うふうに使います。この場合、エゴとは、基本的な心の機能を指し、それは、私たちの本能的な衝動や欲求と、外の世界との関係を調停する役割を持っています（一般的には、エゴという言葉は、さまざまな意味合いで用いられています）。目覚めた後も、フロイトとその後継者たちが言うように、エゴの機能は存続し続けます——エゴなしに、この世界で生きていくことはできません。目覚めの後も、実際の日常的なレベルでは、「内と外」「私のものとあなたのもの」といった区別は厳然と存在し、エゴはとても巧みに、この違いを処理します。しかし、目覚めた後は、エゴがどんな形をとって現れようと、それは自分ではないということを、あなたは知っています。だから、エゴは、もうあなたの人生をコントロールできないのです。

◇◇◇

**多くの人が、社会的な達成や物を所有することに心を奪われていますが、私は長年、精神的な探求を続けるうちに、そういうことへの興味がなくなりました。でも、まだ、本当の自分に目覚めたと言うことはできません。「本当に、これだけ？　まだ、もっと何かあるに違いない」と、思ってしまうのです。**

あなたは、十字架のヨハネが「魂の暗夜」と呼んだ状態を経験しているようです。それを経験しているとき、あなたは、今まで慣れ親しんできた安心できる世界観や自己の感覚を失ってしまいますが、まだ、真の自分を理解してはいません。この暗夜は、しばしば、何の助けもなく荒野を渡ることにたとえられます。そして多くの場合、憂鬱や絶望に落ちこみ、教えの価値を疑います。

私の経験上、目覚めはこうあるべきだという期待があると、この期間が長引き、つらさが増すようです。リアリティを常に頭で理解しようとしているから、期待を手放し、あるがままに、今、この瞬間に存在することができないのです。シンプルに直接、ありのままを経験するようにすれば、慢性的な心のトランス状態から、いつでも目を覚ますことができます——「これじゃない。私はまだ目覚めていない。まだ、もっと何かがあるはずだ」という心の眠りから、存在の輝ける豊かさや完全さに目覚めることができるのです。ただ、期待を手放し、あるがままのリアリティに身をまかせましょう。

◇◇◇

**でも、どうやって手放したらいいのですか？　あなたも言うように、エゴは必死にしがみつくよう、プログラムされているのではないですか？**

おっしゃる通りです。幻影に過ぎない「分離した自己」には、手放しを「行う」ことはできません。しかし、批判も抵抗もせず、しがみついていることに気づくことができれば、エゴの力は自然に弱まります。そして、もし気が向いたら、「誰が気づいているのだろう？」と自分にたずねるといいでしょう（もし、すでに目覚めているなら、ただ本当の自分を思い出してください）。そうすれば、自然に手放すことができます。

何かをする「行為者」などいないという非二元を信じる人には、今、述べたことは何の意味もなしません。しかし、あなたがまだ、自分は何かを選ぶことができると信じているなら、「気づいて手放す」ことを選んでください。「選ぶ者などいない」と気づいているなら、手放す必要もありません。それはすでに起こっていますから。

目覚《めざ》めへの呼びかけ

## ウェイク・アップ・コール

### 自分とは何者ですか？

この探求のために、十五分から二十分ほど時間をとってください。目を閉じて、二、三分、心地よく座りましょう。そうしたら、自分にこうたずねてみます。「私は、自分が何者だと思っているのだろう？」。アイデンティティ、性質、能力、イメージ、記憶、役割、達成したことなど、あなたが自分だと思っているものをすべて書き出してくださ い。スピリチュアルな人間だと見せかけるために、何か隠したりしないこと。ただ、自分にたずね続け、思いつくことを書き出してください。「私は、すてきな恋人だ。会話がうまい。熟練した音楽家だ。愛深い父親だ。献身的な娘だ。有名な作家だ。成功した弁護士だ」などなど。長年、培ってきたスピリチュアルなアイデンティティも書き出すようにしましょう。「私は仏教徒だ。クリスチャンだ。悟っている。長年、禅を修行している。シャーマンだ。超能力者だ。グルを信奉している。光の存在である」。少なくとも、この作業に五分はかけてください（もし、コンピューターを使っているなら、出来上がったリストをプリントアウトしてください)。

さあ、リストを手に取って、細かくちぎり、ゴミ箱に捨ててしまいましょう。あなたは過去を清算し、余分なものを始末し、裸一貫に戻ったのです。そうしたら、今度は、こうたずねてみましょう。「こういうアイデンティティがなかったら、私は何者なのだろう? エゴが生まれる前の、私の本来の顔とはどんなものだろう? 私は、本当は誰なのだろう?」

もしも、概念的な答えが浮かんできたら、脇にどけて、たずね続けましょう。エゴは際限なく、新たなアイデンティティを巧みに考え出します。ありのままに、それらを見つめ、「私は、本当は誰なんだろう?」とたずねましょう。

# 第8章

# 光の体現

「体や心の痛み」を握りしめるのをやめると、
その束縛から解放され、ただありのままに、
それらを見るようになるのです。

――トニー・パーソンズ

スピリチュアルな目覚めは、一瞬のうちに完全な変容をもたらすので、その後、発展したり深まったりすることはないと、多くの探求者が考えています。シッダルーダ王子だって、菩提樹の下に八日間座った後、完全に目覚めたブッタとして立ち上がったではないですか？十六歳の学生、ヴェンカタラマンも、三十分、死んだふりをしたのち、真の自己と完全に融合し、偉大な賢者ラマナ・マハルシとして立ち上がったではないですか？　悟りを得ようと長年、修行している人たちも、おとぎ話のハッピーエンドのように、目覚めは一度に完全なものとして訪れると信じています。この考えを裏付ける伝統的な逸話も、多く残っています。たとえば、小石が竹に当たった音を聞いて目覚めた僧の話や、師匠に蹴られて、心身から成る自己の感覚が「脱落」してしまったマスターの話などがあります。あるいは、不幸な大学院生が、疑問をつぶやきながら眠りについたら、翌朝、自己の感覚が跡形もなくなっていた、など。

こういう話が伝えるように、根本的で完全な悟りは確かに起こります。こうした稀な例は、とても珍しいからこそ歴史に残っているわけですが、真実の光が暗闇の残骸をすべて駆逐してしまうので、あとには完全に変容を遂げた賢者が忽然と姿を現します。苦しみや、無自覚で自動反応的な行動を導く心の古いパターンも、跡形もありません。

しかし、たいていの場合、最初の目覚めはもっと微妙で不確かなものです――それは輝く真昼の太陽というよりも、ゆらめくろうそくの炎のように、かろうじて暗闇を照らし出します。もしくは、暖炉で赤く光る炭のようなもので、燃え狂う大火事のように家を焼き尽くしたりはしません。一度、明りが灯されれば、もう暗闇でつまずくことはありません――あなたは一度にはっきりと、本当の自分を理解します。それは即座に起こり、まちがいようがなく、元に戻ることもありません。しかし、第7章で述べたように、あなたは本当の自分を何度も忘れてしまうかもしれません。この自己認識の光は、あなたの人生のすべての領域を貫き、仕事や家族、恋愛、難しい感情的問題、習慣的なリアクションパターンなど、困難な問題を照らし出すほど、強く明るいとは限らないのです。目覚めに身を捧げていても、あなたはまだ、自分が目覚めた輝く神秘を実際に生きることはできないかもしれません。

私のクライアントや生徒の多くが、リトリートで、自分の本性をはっきり理解するという強力な経験をした後、家に帰るとすぐ配偶者や子供に腹を立てたり、ささいなことで恐怖に凝り固まったりしてしまうと言います。このように突然、抑えようのない感情が爆発してしまうと、自分の目覚めは本物だったのかと疑問に思ってしまうのは当然のことです――目覚め自体の価値も疑いたくなってしまうでしょう。

目覚めはたいてい一瞬の間に起こりますが、その後の変容のプロセスはゆっくりと徐々に進むことが多く、一生かかることもあるのが現状です。真の自分を知った後、自分が理解したことを、生活の中で一瞬一瞬、どのように実践していけばいいのでしょうか？　瞑想中やリトリートに参加しているときだけでなく、いかなるときも、喜びや自由、愛、真のあなたである沈黙の存在を体現していくにはどうしたらいいでしょうか？　ほとんどのスピリチュアルな伝統は、この体現化のプロセスをわずかに認識しているのみです。どのように、このプロセスに取り組み、深めていけばいいのか教えてくれることは、まずありません。

## 真実の炎を明らかにする

目覚めの体現について説明するとき、私はよく炎と光をたとえに使います。炎が焼きはらい、光が闇を追い払うように、真実は自然と、今までずっとあなたを苦しめてきたすべての偽りや自己欺瞞、自己破壊的な思いこみを明らかにし、焼き尽くします。

自分の本質の無限の輝きに目覚めるとき、あなたは炎と光を解き放ちます。ひとたび、解き放たれると、炎と光は独自の方針に従い、強力な勢いで広がります。いつもの反応パターンや葛藤、無意識な習慣の中に隠れることはもうできないと、あなたは気づくでしょう。あなたがコントロールに依存していようが、何にしがみついていようが、存在の真実は自由であり、当然のごとく、あなたの指をこじ開けようとするのです。そして、あなたが見なかったふりや眠っているふりをしようとしても、真実ははっきりと目覚めており、あなたの耳元で再び目を覚ますようにとささやく（もしくは、叫ぶ）のです。あなたが自分をあざむいて、古い条件付けに従ったり、深い真実にそぐわないことをしたりすると、真実はあなたに注意を促します。真実はすべてのレベルにおいて、徹底的に正直で誠実なので、あなたに偽りを認めさせ、あなたを通して生命を生かそうとするのです。

ひとたび目覚めると、真実の炎はひとりでに、あなたの言動を通して自らを体現しようとするので、大いなる混乱や不安をもたらす可能性があります。ここではっきりさせておきましょう。真実とは、情け容赦ない力を持っているものです。それは最終的に、あなたの心と体を、あなたの本質である、この上ない平安、愛、輝き、喜びの流動的な表現に変容させようとします。ときに、この力は無慈悲なエネルギーとして経験され、目覚めの妨げとなるおなじみのパターンにあなたがとどまることを許しません。しかし、この力は、暖かい無限の慈悲として経験されることもあります。あなたの中の収縮した部分や、未解決の問題をすべて受け入れて癒し、あなたの本質である愛と光の中に包みこむのです。

目覚めの光の中で、多くの人が、自分の古いアイデンティティや、自他に関する信念が、意味を失ってしまったことに気がつきます。熟した果実が木から落ちるように、それらも次第に落ちてしまいます。第7章で紹介した私の生徒のように、あなたも自分の仕事が無意味なものに思えてくるかもしれません。あなたは、その仕事が架空の「小さな私」に地位や経済的安定をもたらしてくれると思っていたのですが、今まで自分だと思ってきた「分離した自己」が本当は存在しないということに気づくと、そういうことは無意味に思われてきます。また、共通の人生経験や未来の目標で結ばれた人間関係が、虚しく見えてくるかもしれません。今や、目標は力を失い、個人的な過去の経験も意味をなしません。怒りや悲しみなど、古い未解決の感情が表面に浮かび上がってきて、解放されることもあるでしょう。私の生徒の多くが、目覚めによって、自分のこぢんまりとした快適な世界がひっくり返されたとこぼします。どんなに頑張っても、もう古いやり方には戻れないのです。

## 呼吸と内省のエクササイズ

少し手を止めて、自分が今、何を感じているのか、注意をはらってみましょう。自分が経験していることに名前を付けようとしないこと。また、その感情に浸ったり、抵抗したりせず、それが意識の中で自然に展開していくのにまかせましょう。それを分析したり、そこから物語を紡ぎ出そうとしたりせず、ありのままの経験を受け入れてください。

## 真に誠実に生きる

一瞬、一瞬、存在の真実を完全に体現しているとき、あなたはもう、人生をコントロールしようとして奮闘することはありません。あなたは流れとひとつになって身をまかせ、人生はおのずから、努力も葛藤もなく流れていきます。自分の計画を人生に押しつけようとしたりせず、あなたはリラックスして、広々と心を開き、目覚めています。そして、人生があなたを通して表現しようとしている生き方と調和しています。あなたから分離しているものは何もないので、あなたは、あるがままの人生を歓迎します。この時を超えた今という瞬間が、ありのままで完全なのだと知り、あなたは深く満足しています。これがそうです！　つまり、あなたは、完全に真実を生きているのです。真実を区分けして、人生の特定の領域にだけ押しこめるのではなく、あなたが目覚めたワンネスや完全さという真実を、実際に生きているのです。

この体現化のプロセスにおいて、最終的にあなたは、真の意味で誠実に生きねばなりません――つまり、あなたという存在の最も深い真実と、ひとつに調和しなければならないのです。興味深いことに、この誠実（integrity）という言葉は、ラテン語で「全体性」という語源を持っていますが、あらかじめ定まった規則に従うのではなく、「人生とは分けることのできないひとつの完全なものだ」という認識にもとづいて行動することを指しています。自分の内側にあるものも外側にあるものも、どちらも真の自分の表れであることを知り、状況に応じて、全体の流れと調和して生きているとき、あなたは誠実に生きているのです。規則が何を言おうと、関係ありません。しかし、全体の断片として、他の断片と衝突しながら利己的に行動しているとき、あなたは誠実に生きていません。どんなに一生懸命、規則に従おうとしても、あなたは必ず自他に苦しみをもたらしてしまいます。

あなたが誠実に生きていないとき、人生は、あなたを再び真実と調和させるような状況を作り出してきます。たとえば、自然の中で散歩したり、友達とおしゃべりしているときは、真の自分の喜びと平安を楽しんでいるけれど、経済的困難に直面すると恐れの中に閉じこもり、職場で誰かに地位を脅かされると怒りで凝り固まってしまうとします。そんな場合、真実は自然に自らを体現しようとします。つまり、あなたがコントロールを手放し、深い気づきに沿って生きるよう、真実は繰り返し、同じような困難な状況を人生に送りこんでくるのです。たとえば、生存競争の恐怖を手放し、自分の本質は決して破壊されないと思い出すまで、あなたは経済問題に悩まされ続けるでしょう。また、同僚を敵として見なすのをやめ、同僚もあなたもお互いに真の自己の現れであることに気づくまで、同僚はあなたと対立し続けるでしょう。

私が初めて、「殺してはいけない、盗んではいけない、嘘をついてはいけない」といった禅の十六の道徳的規則（十六条戒）を学んだとき、当時の師匠は、こうした行いに関する規則は、外側から勝手に人生に押しつけるべきものではないと、繰り返し言っていました。これは規則ではなく、完全に悟った人が自然に行動する様を説明したものなのだと、師匠は説きました。伝統的なガイドラインに従うことに夢中にならないことです。結局のところ、状況は流れる水のように、絶え間なく変わり続けるので、一箇所にとどめることも、定義することもできません。そんなことをしようとするより、目を覚ましましょう。そうすれば、あなたの明晰な気づきが、規則と調和しつつ誠実に生きていくすべを教えてくれます。

## エゴの抵抗

基本的に、私の師が言ったことは正しかったのです。しかし、この明晰さを体現して生きていくプロセスは、しばしば困難を伴い、時間のかかるものであることを、師は都合よく見逃していました。真実は自然と、誠実に生きようとしますが、エゴは自分を孤立し分離した存在だと見なし、同じように分離した個人が集まる世界で危険にさらされていると考えているので、誠実にふるまうことなど、気にかけていません。もし、それが何かの役に立つなら、誠実であるふりをするかもしれませんが。しかし、それよりも、エゴは何が何でもコントロールを維持しようとします。ひとつ前の章で述べたように、コントロールすることがエゴの存在理由であり、仕事であり、エゴは上手にこの仕事をこなします。目覚めと体現化のプロセスは、エゴを脅かすものです。目覚めを体現していくうちに、私たちはコントロールを手放し、流れと調和して生きるよう促されますが、それこそまさに、エゴが抵抗するようにプログラムされているものだからです。

西洋の心理学では、エゴは幼少期に現れるとされ、心の中で起きていることと、外側の世界を調整する役目を持っています。成長するに従い、子供は混乱した恐ろしい状況で、見せかけの安全にしがみつき、なんとかコントロールをとろうとするようになりますが、それにつれて、エゴもより強固なものになっていきます。あなたの子供時代が比較的、幸福で愛情あふれるものだったとしても、「自分は分離した個人に過ぎないのだから、何とかして自分を守り、売りこんでいかねばならない」と思わせるような状況には出会います。そして、大人になる頃には、ほぼ起きている間ずっと、人生をコントロールしようとするようになります。

気をつけて見れば、自分がしばしば物事に抵抗し、あるがままの姿を変えようとしていることに気づくでしょう。たとえば、友達や家族の愛が欲しくてたまらないので、彼らが自分を愛し、認めてくれるよう、自分の言動をチェックしているかもしれません。また、恋愛関係では、もめ事を恐れて、本当のことを言わなかったり、欲しいものを頼めなかったりするかもしれません。車で職場に向かって急いでいるときは、クラクションを鳴らしたり、スピードを出したり、渋滞や他のドライバーに文句をつけているかもしれません。心身の快適な状態を維持するため、あなたは一日を通して、常に環境をコントロールしようとしているでしょう。スピリチュアルなエゴも、このコントロール中毒から自由ではありません。実際、スピリチュアルなエゴこそ、最もたちの悪い中毒患者でしょう。というのも、スピリチュアルな人は、愛や静けさ、至福の経験を維持し、怒りや恐れのような「ネガティブ」な経験を避けることに身を捧げているからです。

幸運なことに、目覚めの旅が進んでいくにつれて、エゴの力は次第に弱まっていきます。最初の目覚めの光が、分離した自己の空性を明らかにするので、あからさまなコントロールはもうできなくなるのです。たとえば、部下に対して権力を振りかざしたり、子供をどなりつけたりすることはできなくなるでしょう。自他の境界が突然、消えてなくなり、他人を、自分から分離した存在として扱うことはもうできなくなるからです。そして、目覚めが深まり、広がっていくにつれ、あなたは常に目覚めた視点から生きるようになり、エゴも力を緩めていきます。コントロールを手放し、人生が自分を通して自然に流れることを許しても、人生はちゃんと続いていくということを――むしろ、もっと満ち足りて調和のとれたものになることを、エゴも理解します。

しかし、目覚めた後も、ほとんどの時間、エゴは頑固にあなたの人生の特定の領域をコントロールしようとするでしょう。「恋人がいるときや、家族や友達と一緒のときはリラックスして、コントロールを手放してもいい」と、エゴは譲歩するかもしれません。「でも、お金と健康に関しては、しっかりコントロールしないと」。私の生徒の中にも、深い目覚めを連続して体験し、人生がさまざまな形で変容したのに、健康問題への執着を手放せなかった人がいます。意識や真の自己が、人生のこの領域もちゃんと管理してくれると信頼することができなかったのです。ここで、核心にあるのは、信頼の問題です。というのも、エゴは、あなたが子供の頃、不確かで信用できない状況に対応するため発達してきたので、信頼しないようにプログラムされているからです。もし、あなたの子供時代が幸せなものだったなら、信頼の欠如は最小限で済み、エゴは容易にコントロールを手放せるでしょう。しかし、失望させられたり、見捨てられたり、虐待されたりして、繰り返し信頼を裏切られたのなら、エゴは必死になってコントロールしようとするでしょう。というのも、存在の基盤が自分を支えてくれると信頼することができないからです。エゴの執拗なコントロール欲の下には、核となる思いこみや人生に関する信条が隠されているので、それらを受け入れ、調べていく必要があります。

しかし、エゴに無実の罪を着せぬため、エゴは敵ではないということを、ここではっきり述べておきます。エゴは人生を戦場だと考え、そこで献身的に戦う将軍なのです。エゴはあなたを幾多の困難から守り、導いてきたことでしょう。だから、エゴはいつでも用心深く見張っていなければならないと考えています。しかし、一度、目覚めると、「人生は戦場だ」という信念は心が作り上げ、エゴが維持してきた架空の構成物に過ぎないということがわかります。エゴは、人生という名の映画の脚本家であり、監督であり、プロデューサーであり、主演俳優であると言えるでしょう。しかし、そういった役割はどれも、あなたとは関係ありません。あなたがフィルムから抜け出し、リアリティの明るい光の中に立てば、エゴが演じるべき役割はもう何もないので、エゴもコントロールを完全に手放すでしょう。しかし、エゴはしばしば心の奥底の要塞にひきこもり、より微妙で無意識的なレベルでコントロールを維持します。どちらにしても、あなたの本質である愛は究極的に、エゴを献身的な召使として抱擁します。エゴは、まちがって自分を主人だと思いこんでしまったのですが、現実には、何の実体も持続性もない「機能」に過ぎません。

## 体現のプロセスをどうサポートしていくか

この時点であなたは、どうしたら体現のプロセスをサポートできるだろう、と考えるかもしれません。しかし、まず、これだけ言わせてください。体現のプロセスを起こすために何かできると思っている「あなた」は、変装したエゴに過ぎず、再び自分の都合や計画を人生に押しつけようとしているのです。「ここに何か問題がある、何かが欠けている」と、エゴは必ずそう考えます。「体現のプロセスというものが何であるにせよ、とにかく、私はまだ十分に体現していない。今すぐ、何とかしなければ」。しかし、完全な目覚めの体現は、今すぐここで可能なのです。抵抗を手放し、人生をコントロールするのをやめて（体現のプロセスをコントロールしようとすることもやめて）、すべてをありのままに受け入れればいいのです。

「じゃあ、どうやって抵抗を手放せばいいのだろう？」と、あなたは考えるかもしれません。しかしそれは、もっとスピリチュアルで、もっといい人になるため、エゴがまた新たな戦略を練っているだけかもしれません。あなたが「手放し」を「行う」ことはできません――あなたがまだしがみついている無数の場所を、目覚めの光が照らし出すにつれて、それはただ自然に起きるのです。もし、戦略があるとしたら、それはただひとつ、「目覚めていなさい！」

と言うことしかできません。再びコントロールにしがみついて物事のあるがままの姿に抵抗し、お腹や胸、肩のあたりで、エゴが縮こまって硬くなっているのに気づいたときは、ちょっと立ち止まって、自分にたずねてみましょう。「誰が今、気づいているのだろう？　私は、本当は誰なのだろう？」。あなたは一瞬のうちに目を覚まし、習慣的なリアクションパターンから抜け出し、再び広々とした空間に戻ることができるかもしれません。真の自分を十分に思い出したら、外側の状況を変えようとしたりせず、この広々とした意識にとどまりましょう。

一般的に言って、目覚めの体現の道を歩むとき、あなたは一瞬、一瞬、自分の気づきを実際に生きなければいけません。私の友人で師でもあるアジャシャンティが言うように、本当の自分の真実に奉仕しなければならないのです。古いパターンに戻らず、静かなる存在として生きるのです――すべての状況において、目覚めたときに経験した空っぽの豊かさ、開かれた状態、平和、明晰さとして生きるのです。つまり、本当の自分でありなさい、ということです。

そのためには、ジャン・クラインが「真剣さ」「誠実さ」と呼んだものが必要です。つまり、あらゆる状況で、真実に深く揺るぎなくコミットすることです。目覚めはそれに火をつけますが、エゴが文句を言うたび、揺らいでしまいます。もし、選ぶことができるようなら、繰り返し繰り返し、真実を選んでください――あなたという存在の絶対的な真実だけではなく、瞬間ごとの相対的な真実も選ぶことです。エゴはコントロールを維持しようとして、真実を避けて覆い隠し、自分の都合のいいように状況を操作します。しかし、体現化のプロセスにおいて、あなたは真実を語り、結果へのこだわりを手放すことを求められます。未知の領域に向かって、大きく跳躍しなければならないのです。

たとえば、あなたはもめ事を避け、パートナーの同意を得るために、罪のない嘘をつくことがよくあるかもしれません。そのために、あなたは真実へのコミットを怠り、妥協します。しかし、自分が経験した真実を常に語るようにしたら、あなたとパートナーの関係はどうなるでしょう？　荒っぽく批判的な口調ではなく、優しく正直に伝えたら、どうなると思いますか？　それから、自分が欲しいものを手に入れるためにパートナーを操るのをやめて、直接、欲しいものを頼んだらどうなるでしょう？　パートナーに、もしそうしたければ「ノー」と言うチャンスをあげるのです。あなたは、そこまで手放す準備ができていますか？　無防備になり、未知の領域を迎え入れる準備ができていますか？　もし、まだ準備ができていないなら、あなたは自分の目覚めを犠牲にし、再び眠りに戻ることになるでしょう。

## 物語なしに生きる

あなたという存在の真実を完全に体現しているとき、今までずっと自分だと思いこんできた物語として生きるのではなく、純粋で空っぽで輝く目覚めの意識として生きるようになります。それこそが、常にあなたの本質だったのです。そして、自分が中心にいて、その周りで人生という個人的なドラマが繰り広げられていると考えるのではなく、自分という広大で自由な空間の中で、非個人的なミステリーとして人生が展開していくのだと考えるようになります。あなたの心や体も、すべての顕現の一部に過ぎません。あなたはもう、心理的な記憶にもとづいて、物事に反応したりしません。「何も知らない心」が持つ無限の新鮮さ、オープンさ、共感から、物事に対応するようになります。目覚めた後、多くの人が、このような状態を長期間、経験します。しかし、目覚めが背景に退き、古い物語が再び戻ってくるにつれて、この状態は消えていってしまいます。

バイロン・ケイティは長い間、絶望と怒りに苦しんだ後、施設で暮らしているときに、自分の本質に目覚めました。ゴキブリが自分の足の上を這っているのを見て、この足は誰のものでもないと悟ったのです。分離した自己の感覚は完全に消え、人生の物語も名前すらもない、純粋な目覚めた意識として生まれ変わったのでした。しかし、彼女の言葉を借りると、マジックテープのように自分を思考に「ひっつけ」ようとすると、再び、苦しみが戻ってきました。そこで、彼女は、苦痛をもたらす思考や物語を調べて解放するために、自問自答のプロセスを開発しました。この自分自身の体験から、バイロン・ケイティの「ワーク」が生まれたのです。最初のうちケイティは、それを「大いなる解放」と呼んでいました。このワークによって、何度も戻ってくる物語を解放することができたからです——それらの物語が戻ってくることは、もうありませんでした。

自己探求の手法を使えば、自分の注意を真の自己に戻し、最初の目覚めを誘うことができますが（第5章をごらんください）、ケイティの「ワーク」のような手法を目覚めた後のプロセスに役立てることもできます。目覚めによって明らかにされた空間を埋めようとして、信念や物語は何度も戻ってきますが、「ワーク」のような手法を使って、それらを問い直すことができます。たとえば、「私はまだ未熟だ。私は安全ではない。人生は戦いだ。誰も私を愛してくれない」などと、再び、考え始めたとします。そんなときは、ケイティや他の人々が勧めている方法を使うことができます。「それは本当ですか？　それが絶対に本当だとわかりますか？　それが本当だと信じるとき、私はどのように反応するでしょうか？　この考えがなかったら、私はどんな人間でしょう？」と、自分にたずねるのです。心をこめて自分にたずねれば、あなたを縛る物語は、徐々に力を失い、背景に退いていくか、すっかり消えてしまいます。そして、あなたは再び、開かれた、手つかずの意識、もしくは存在として安らぐことができます。そこには中心も、周辺もありません。この安らぎと自問のプロセスは、歩くときに右足と左足を交互に出すのと同じくらい自然なものです。

もし、選択が可能なら、できる限り、あなたの本質である開かれた手つかずの意識、無限の愛としてくつろぐことを選んでください。そして、信念や物語を見つけたら、自問自答しましょう。やがて、まばたきや心臓の鼓動のように、わざわざそうしようと思わなくてもできるようになり、体現化のプロセスも自然に深まり、広がっていきます。特に強固に根づいている「核となる物語」に関しては、もっと詳しく調べねばなりませんが、それについては第9章でお話しします。（この「核となる物語」は、アドヴァイタではサンスカーラと呼ばれ、仏教では煩悩と呼ばれます）

## 呼吸と内省のエクササイズ

まずは目を閉じて、静かに座ります。そして目を開けたら、自分に「私は恐ろしい状況に陥っていて、何もかもうまくいかず、思い通りにならない」と語りかけながら、周囲を見回します。自分がどんなふうに感じるか、観察してください。それから、また目を閉じますが、次に目を開くときは「すべてがありのままで完璧だ。すべてが、神、もしくはスピリットの現れだ」と自分に語りかけながら、周囲を見回します。どんなふうに感じるか、観察してください。

## チャクラによる体現化

このタイトルが示すように、目覚めの体現化は、チャクラ（七つのエネルギーセンター）を通じてなされることがよくあります。頭部のスピリチュアルな光の領域からハートを経由し、肉体および本能のセンターに、目覚めのエネルギーが下りていくのです。ほとんどの場合、最初の目覚めは、リアリティの空性や、分離した自己の非実在性に関する深い気づきという形で起こります。しかし、この気づきは、単にインパクトのある概念、良くて、ものの見方の変化で終わってしまう可能性があります。それを防ぐには、この気づきをハートで完全に受け止めて、人生へのかかわり方を変容させなければなりません。

たとえば、自分は純粋で無限の目覚めた存在であるという気づきは、上部のチャクラに中心を置き、あなたにすばらしい落ち着きと平静さをもたらします。しかし、この気づきを下部のチャクラに降ろして、より深い気づきを開花させないと、ハートを目覚めさせることはできません。自分が出会うすべての人や物は皆、同じ存在、同じ仏性、同じ真の自己であるということに気づかないと、あなたの本質である無限の愛と共感が流れ出ることはないのです。孤立した目撃者の冷めた視点は、微妙な自他の分離感を含んでいますが、ハートが目覚めれば、それは無条件の愛の中に溶けて消え、例外なくすべてのものを抱擁します。目覚めたハートは、胸部のエネルギーセンターであるだけでなく、究極的には、リアリティの無限の基盤、すべてを生かしている愛の流れとして姿を現します。ニサルガダッタ・マハラジが言うように、「自分の内側を見て、私は無だと気づくとき、それは叡智である。自分の外側を見て、私はすべてであると気づくとき、それは愛である」のです。

ハートが目覚めるのは、とても強力な体験ですが、もっと深い体現化のプロセスの始まりに過ぎません。もし、あなたの下部のチャクラに、未解決の問題や、核となる物語、カルマのもつれが残っていると、困難に出会ったとき、あなたの本質である愛や叡智を実際に体現することは難しくなります。たとえば、子供の頃に、よく恥をかかされたり、屈辱的な思いをさせられた人は、誰かに批判されると、自己の本質を忘れ、相手に激しく食ってかかったりするでしょう。さらには、自分の考えや判断を他人に押しつけようとしたりするかもしれません。また、見捨てられたり、拒絶された経験が多い人は、家族や友人など大事な人から十分な愛情や支持を得られないとき、怖れと怒りにかられてしまうでしょう。そして、安心感や支えが感じられなかった場合は、健康や経済問題など、生き残りにかかわる問題について、常に不安と疑念を感じるでしょう。

こうした下部チャクラにまつわる問題は、とても深く刻みこまれています。それに比べると、あなたが自己の本質を悟ったのは最近のことで、その気づきはまだ不確かです。だから、下部チャクラの問題によって、気づきが曇らされたり、妨げられてしまうことがよくあります。ハートや心《マインド》がどんなに目覚めていても、あなたは繰り返し、強力な感情的リアクションにとらわれてしまうのです。そうしたリアクションは、あなたの体をしっかりととらえているので、あなたは上部のチャクラのスピリチュアルな気づきに、なかなか反応できません。ベストセラーとなった著書 "*Emotional Intelligence*"（『EQ　こころの知能指数』、講談社刊）の中で、ダニエル・ゴールマンはこれを「感情のハイジャック」と呼んでいます。

真実を体現していくにつれて、あなたの本質である愛が、下部のチャクラへと流れ出します。そして、下部のチャクラの中心に詰まっている問題も、本当は光であることを見抜き、抱きしめます。愛は、闇の最後の名残りを、照らし出そうとするのです。この過程で、古い習慣や感情的問題が活性化されると、目覚めは救いではなく困難をもたらすものだと感じられるかもしれません。そういう場合、この根深いリアクションパターンをもっとよく調べたいと思うでしょうが、それについては、次の章で述べます。

（Q&A）

**あなたは、真実を告げることの大切さを説きました。しかし、真実を告げることは、ときに、トラブルを招くように思われるのですが。**

それは、あなたが何を真実とするかによって異なります。心理セラピストとして、私はクライアントに「議論の余地のない真実」を告げるように勧めています――つまり、他人に反論される余地のない、自分の経験を告げるのです。それは、あなた自身の感情や感覚に関する真実です。他人の感情や状況について、議論を招くような主張はしません。たとえば、「あなたはひどい人だ」とか、「あなたは口では愛していると言うけど、本当は私を愛していない」などという主張は、真実ではありません。それは、あなたの意見に過ぎず、まちがいなく、相手から強い反応が返ってきます。そうではなく、「あなたがそういうことを言うと、私は緊張して、怒りを感じる」とか、「あなたが電話すると言ったのに、し忘れると、私は胸のあたりに痛みを感じ、あなたの私に対する愛を疑ってしまう」と言えば、それは議論しようのない真実です。相手があなたの言ったことを理解するとは限りませんが、誰もあなたの言葉に反論することはできません。そのとき、あなたは相手を攻撃したり、自分を防衛したりするのではなく、心を開いて無防備になり、相手から、本当に信頼できる反応を受け取ることができるのです。

◇◇◇

**あなたがここで述べた体現化のプロセスは、自分を改善し、よりよい真実の媒体となるため修行する漸進的アプローチと同じように聞こえます。体現化と漸進的アプローチの違いはなんですか？**

まず初めに言っておきますが、修行を行うように、体現化を行うことはできません。目覚めの後、真実が、人生のすべての領域で自然に表現されるにつれて、体現化もひとりでに起きます。一度、あなたという存在の真実を見つけたら、今までの偽りの人生を送ることはもうできません。あなたの目覚めが明晰になるにつれて、偽りがはっきりと見えてくるのです。

それに、真実には、それ自体の知性があり、神秘的な方法であなたを自由にしようとします。一方、型にはまった修行法は、真実があなたに何を求めるか知っているふりをしますが、それはありえません。あらかじめ決められた修行法は、あなたという存在や、あなたの人生のユニークさを考慮に入れていないからです。

いずれにせよ、漸進的なアプローチは、あなたの注意を真実からそらせてしまうことが多く、あなたを偉大な探求者にするかもしれませんが、真実の発見者にはしてくれません。今、目覚めましょう。そして、真実が自らを体現するのにまかせましょう。

**でも、目覚める前に、漸進的アプローチの修行をすれば、目覚めた後のプロセスが、もっとスムーズにうまくいくのではないですか？**

◇◇◇

そうかもしれないし、そうではないかもしれません。前にも述べたように、漸進的アプローチは、分離した自己が目覚めを起こすという信念を強化してしまいます。そして、そうした信念を捨てることは、ますます難しくなってしまいます。目覚める前に何年も瞑想の修行をした人は、目覚めによってもたらされたアイデンティティの変化を容易に理解し、受け入れられることがあります。しかし、このようなベテランの瞑想経験者は、頑固に自分のスピリチュアルな信念に固執し、真実が自然に流れていくのを見守ることができないかもしれません。

あなたの質問を例にとると、目覚めそのものではなく、「目覚めた後のプロセスをスムーズに進めること」に、心がとらわれています。「スムーズに進める」というのが、何を意味するにしても。目覚めた後のプロセスがどうあるべきか、いったい、どうやって知ることができるでしょう？　そういうことは神様の役目だから、おまかせしておきましょう。そして、あなたは本当の自分を見つけることに集中していればいいのです。

## ウェイク・アップ・コール《目覚めへの呼びかけ》

### 鏡よ、鏡

十分から十五分ほど、この探求のために時間をとります。まず、大きな鏡の前に、目を閉じて、静かに座ります。リラックスして、呼吸してください。二、三分したら目を開けて、鏡の中の自分を見ます。集中したり、一点に焦点を合わせようとしないでください。柔らかに、愛情を持って、見つめましょう。つい、目を逸らしてしまったときは、そっと、鏡の中に視線を戻します。

最初はお決まりの批判が浮かんでくるでしょう。「私は老けて、疲れて見える。魅力的ではない。目の下は垂れているし、あごはたるんでいる。髪を切って、ひげをそり、パーマをかけて、フェイスリフトの手術でもしないと。これじゃあ、誰も私とデートなんかしたくないだろう」。いろんな考えが、際限なく浮かんでくるでしょう。実際問題、こうした物語なしに鏡を見ることは、めったにありません。自分の考えに気づき、そして手放し、優しく愛情深い目で自分を見つめ続けましょう。

子供の頃、両親がありのままの自分を受け入れてくれなかったと、多くの人が言います。今こそ、ありのままの自分を、自分で受け入れるチャンスです。

幾層にも積み重なった批判や判断が消えていくとき、感情の波が高まるのを感じるかもしれません——過去の傷から来る悲嘆、未来への不安、理不尽なできごとへの怒り。こういう感情に執着したり、解釈しようとしたりせず、ただ、それらが過ぎ去っていくのにまかせます。そして、自分を見つめ続けます。

やがて、あなたは、外見の背後にあるものとつながっていくことに気づくでしょう。物語や感情の下に埋もれた真の自分、あなたの目を通して輝く内なる光とつながっていくのです。目の前に見える形が、空の中に消えていくのを経験するかもしれません。また、これを見ているのは、鏡の中に映っている人物ではないと気がつくかもしれません。

何が起きても、ただそれに気づき、優しく愛情深く見つめ続けていればいいのです。終わったら、自分自身とのかかわり方が、どのように変わったか観察しましょう。

# 第9章

# 光の中の闇を解き放つ

輝く真の自己は、自分のすべてを解放し、自分のすべてを完全に愛したいと願っています。この輝きは、自分自身を、すべての混乱を、すべての苦しみを照らし出すため、戻ってくるのです。

――アジャシャンティ

私の最初の禅の師匠は、少々エキセントリックで、伝統的な儀式よりも、自然で即興的なやり方を好み、弟子たちにも、「ゲリラ禅」なるものを勧めていました。それは、仕事や家族生活など、日常生活の中で独自に瞑想する、というものでした。私は、この師を父のように愛していましたが、時が経つにつれ、師の型破りなやり方に我慢できなくなってしまいました。私は正式に認可された僧侶だったので、本に書いてあるような徹底的で、容赦ない禅の修行をしたかったのです。それに、サンフランシスコの郊外の、改造されたガレージで瞑想するのではなく、僧院で修行してみたかったのです。

やがて、私は別の師のもとに移りました。その人はすばらしい実績を誇り(三つの系譜から、悟りを得たと認められていました)、前の師よりも、もっと伝統的な修行に傾倒しているようでした。しかし、この師が指導するセンターに行ってまもなく、彼の行いが悟りを得た人のイメージとは異なることに気づいて、驚きました。最初の師は、忍耐と寛大さを体現化したような人でしたが、この新しい師は、自分の気に入らないことがあると、怒りを爆発させることがよくありました。休みのときは、決まって酔っぱらい、人前で酔いをさらすこともしばしばでした。隠侍《いんじ》として師の身の回りのお世話をしたときは、師が酔いの回った状態で、弟子に個人面談しているのを見ました。こうした個人面談の際、師に言い寄られて、何人かの女性の弟子がセンターを去って行ったことも、のちのち知りました。老師は悟りを得たかのようにふるまいつつ、未熟で利己的な行いで、他人に害を及ぼしていたのです。

しかし、私は熱心に仏法を求め、師が約束するスピリチュアルな「進歩」を切望していたので、自分が気づいたことから、目を背けていました。そして五年近く、この師のもとで過ごしてから、袈裟を脱ぎ、西洋心理学を学ぶことにしました。もし、この師が禅のロールモデルなら、「伝統的修行法によってのみ、賢くて思いやりがあり、自動的に反応しない人になれる、というわけではない」という結論に達したのです。そして、人に教えたりする前に、ハーと心《マインド》の働きについて、もっと勉強する必要があると考えました。私が去ってから二年後、センターは崩壊してしまいました。老師が、ベテランの弟子との関係について嘘をついていたことがばれ、アルコール中毒のリハビリも、師の根本的な気質を変えることはできなかったからでした。私は、このとき初めて、スピリチュアルな迂回路がもたらしうる結果についで学んだのでした。

## スピリチュアルな迂回路がもたらすもの

スピリチュアルな迂回路とは、上部のチャクラ（第8章をご覧ください）の広大な空性の中にとどまり、厄介な行動パターンや心理的問題を無視することを指します。そうした問題は、目覚めを実際に生きることを妨げますが、悟りによって得た非二元を言い訳にして、それらと対面することを避けるのです。つまり、スピリチュアルな迂回路とは、エゴがコントロールを維持するための、より洗練された方法と言えます。

たとえば、この迂回路を行く人たちは、配慮に欠ける無神経な行動をとっても、反省したり、責任をとろうとしたりしません。なぜなら、悟りを得たことで、自分は従来の行動規範から解放されたと考えているからです（先に述べた老師を弁護するために、よく使われた論拠です）。また、こうした人たちは、激しい感情を爆発させることがよくありますが、それは一時的な現象に過ぎないから問題ないと考えたりします――周囲の人に、衝撃を与えているにもかかわらず。それから、人生に真っ向から取り組むのが怖いので、周辺部にとどまり、「みんな夢なんだから、真剣にかかわっても意味がない」と言ったりします。

瞑想センターやアシュラムは、この手の人であふれています。満足げにクッションの上に座って、ある種の作り上げられたサマディ（一点に注意を向けること）状態に浸ったり、見事なヨガのポーズをとってみせたりしますが、家に帰れば、子供を怒鳴りつけたり、お金や仕事のことで定期的に悩まされたりして、日常生活をうまく送れないのです。ここで挙げた例に、何か思い当たることはありませんか？　先に述べた老師は非常にわかりやすい例ですが、私たちの誰もが、同じような傾向を持っています。

スピリチュアルな目覚めには、その性質上、どうしても、こうした迂回路が伴います。分割することのできないスピリチュアルな本質に目覚めるとき、あなたは自分の条件付けを飛び越えます。そして、自分は、いかなる思考や感情にも乱されることのない沈黙の存在であることを理解するのです。以前は、そんなことはとてもできないと思っていたかもしれません。でも、今はもう、条件付けられた思考や感情も、問題ではありません。それらはただ、あなたの本質である広大な空間に現れては、消えていきます。時を超えた次元だけが存在し、時間に縛られた現象の領域は、単なる神の遊びとして経験されます。たいていの場合、目覚めは条件付けをある程度、消し去るので、あなたは自動的に反応することから解放されて自由になり、自分の探求の旅は終わったと感じるかもしれません。しかし、通常、目覚めの体現のプロセスはまだ始まったばかりで、これから一生をかけてなされるのです。

この時点で、あなたは目覚めを、固定した立場やものの見方として確立したいと感じるでしょう。新しいアイデンティティとして、目覚めた人という立場に執着し、目覚めたものの見方というフィルターを通して、世界とかかわるわけです。「目覚めを探すのに、どれだけ時間がかかったことか」あなたは思うでしょう。「やっと手に入れたんだから、これは私のものだ。目覚めが私のアイデンティティだ。私は、目覚めた人間だ。だから、何をしてもいいんだ」。このように、目覚めをアイデンティティとして固定化することは、伝統的に「禅病」と呼ばれています。これは、とても誘惑的で、達成感を与えてくれるので、治すのが大変難しい病です。禅病にかかると、エゴは再び、目覚めを自分の小さな領土にしようとします。それとは反対に、本物の目覚めには、固定化もアイデンティティもありません。本物の目覚めを、ある立場やものの見方に固定することはできないのです。

スピリチュアルな迂回路は、誰もが通る道ですが、それが問題となるのは、目覚めた立場（矛盾した表現ですけれど）が固定化されたときです。教師たちは特に、スピリチュアルな迂回路にはまりやすいと言えます。というのも、彼らは自分をスピリチュアルな叡智の提供者として確立し、自分の権威を守ることで、力と地位を得ているからです。西洋心理学を学ぶために例の老師のもとを去って数年後、あるカンファレンスで、たまたま師と再会する機会がありました。師は私をお茶に誘ってくれました。しばらく楽しく話をした後、話題がセンターの崩壊に及ぶと、師は怒りを露わにし、自分を弁護しました。その件に関して、まだ感情的なわだかまりがあるのではないですか、と私がそっとたずねると、師は、そんなことは絶対にないと、むきになって言い返しました。

ほとんどの非二元論的な伝統は、目覚めに伴う深いシフトや気づきをどうやって体現していけばいいか、ちゃんと説明しないので、スピリチュアルな迂回路を奨励する結果となっています。こうしたスピリチュアルな伝統では、永遠の真実を明らかにすることが主たる関心なので、日常的な事柄は、放っておいて成り行きにまかせる傾向があります。たとえば、アドヴァイタ・ヴェーダンタの教えでは、分離した行為者はいないということ、すべてのできごとは神の遊びに過ぎないということを強調します。終わりなき努力奮闘と自己改善を続けてきた人たちにとって、これは大いなる救いです。すべてはありのままで完璧であり、まちがっているものや欠けているものは何もなく、自己改善の努力をしてきた「自分」は幻想に過ぎないということを、あなたはついに悟ったのです。しかし、アドヴァイタでは、生まれ持った完璧さに焦点を当てるので、一度、目覚めれば完全に変容するという誤った印象を与えてしまうことがあります。どんなに未熟で利己的なことをしても、目覚めた後にすることは皆、神の完璧な表現である、というわけです。ある現代のアドヴァイタの教師も、明らかにこの点を誤解して、自分の生徒に言い寄った責任をとることを拒否しました。これは、肉体精神機構が条件付けにもとづいて行ったことに過ぎず、自分とは何の関係もないと言い張ったのです。

禅では、公案を研究することで、内なる仏性を実現し、体現化していくことができると考えられています。しかし、実際には、公案の研究は、隔離された環境で儀式的なやりとりとして行われるので、お金や権力、人間関係など、実際の世界に応用することはなかなかできません。それに、公案のほとんどが、何百年も前の異なる文化の地で行われた師匠と弟子の謎めいたやりとりであり、日常生活の荒々しさとは、あまり関係がありません。先に述べた老師は、二つの異なる流派で、公案の研究を修了しました。そして、彼の弟子たちが、長年、公案の研究をしたにもかかわらず、とても理不尽で無神経なふるまいをするのを、私は何年も見てきました。

こうしたスピリチュアルな伝統が、目覚めの体現化に注意をはらわないのには、明らかに文化的な理由があります。東洋では、真剣な探求者はほとんどの場合、僧院やアシュラムで生涯を送りました。そこでは、組織的な教えや指針によって、どのように行動すべきか厳密に決められていました。伝統的な社会にも、はっきりとした倫理的規範がありました。たとえば、男女は互いにどう接するべきか、異なる階級に属する人とどう接するかなど、役割も明確に決まっていました。先に述べた老師の場合も、彼の行いと、彼が成し遂げたとされる悟りの食い違いを、同じ流派に属する他の師たちがチェックすることは、文化的に許されませんでした。彼の弟子たちも、師の名声と経歴（と荒っぽいふるまい）に恐れをなしていたので、迂回路にはまっている師に立ち向かうことができませんでした。もとは弟子だった彼の妻も、他の皆と同じく、彼の前では怯えているようでした。

一方、現代の西欧社会はもっと流動的で非階級的です。体制に順応し、社会的に正しくふるまうことよりも、率直で自発的なコミュニケーションが大事にされます。ゆえに、私たちは、状況の展開に応じて、直感的に対応することが要求されます。分離も自我もない目覚めたリアリティを生きているのか、それとも、固定化されたものの見方に執着しながら生きているのか、常に自分で判断して対応できるし、他人も率直に意見してくれます。それに、僧院やアシュラムの修行者たちと比べると、私たちの人間関係はもっと複雑で、心理的にも入り組んでいます。友達やパートナー、家族は、私たちが本当の気持ちを表現し、全存在をかけてコミュニケーションすることを求めます。東洋の伝統的な社会では、こういうことは求められません。

しかし、ここで、はっきりさせておきたいことがあります。体現化とは、もっといい人になるとか、自他の期待に応えるために生きることではありません。心は喜んで、体現化を新たな自己啓発プロジェクトにしようとします。しかし、目覚めの体現化とは、自由で誠実であることです。条件付けられた心の思いこみや、あらかじめ決まった計画に従って生きることではありません。あなたの本質である輝く空《くう》が、あなたの人生を生きるということです。真実を体現しているとき、あなたは対立も抵抗もなく、あるがままの流れと調和して生きているのです。

### 呼吸と内省のエクササイズ

ちょっと時間をとって、あなたのお気に入りのスピリチュアルな迂回路について考えてみましょう。目覚めを実際に体現することの煩雑さを避けるため、あなたはスピリチュアリティをどのように利用していますか？　無防備に自分を開く代わりに自己防衛したり、繊細さや傷つきやすさを、冷静だけれど傍観的な態度と取り替えたり、人と自然にかかわる代わりに人口的な超越した態度をとったりしていませんか？

## より深く体現化にコミットする

西欧の文化では、誠実で正直であることに重点が置かれますが、それでも、体現化を回避する機会はまだまだたくさんあります。たとえば、アシュラムや瞑想センター、スピリチュアルなコミュニティーではしばしば、専門用語を使ったり、従来の指針に従うことで、そのよりどころとなる伝統的文化を模倣します。誠実に行動し、自分を表現することは、重視されません。結局、東洋であろうが西洋であろうが、すべてのレベルで心から真実にコミットすることによってのみ、スピリチュアルな迂回路にはまるのを防ぎ、エゴによるさまざまな固定化を取りのぞくことができるのです。真実の炎は赤々と燃え上がって、「目覚めた人」という立場がもたらす権力や快適さ、称賛への欲望を焼きつくし、あなたに完全なる自由を望ませます。その結果、あなたは自動的な反応パターンや、固くもつれ合った苦しみとコントロールの結び目に、進んで向き合うようになります。つまり、あなたの人生に、真実がまだ完全には体現されていないことを認めるのです。そして、あなたの本質である愛と意識が、あなたの人生に流れこむのを許すのです。

このように、容赦なく自分を見つめるには、リアリティはそのままで完全であることを見抜くと同時に、相対的な不完全さ、つまり目覚めの光がまだ届いていない場所も見抜く識別力が必要です。このような識別力を備えた目から見れば、リアリティは分割できないひとつながりのものであるけれど、絶対的な真実と相対的な真実を区別することはできるのだと理解できるのです（第1章をご覧ください）。「自分が、純粋な意識以外のなにものでもないことはわかっている。でも、なぜだか、私はまだ苦しんでいる。人生のドラマに巻きこまれ、恐れに縮こまったり、怒りを爆発させたりして、未熟なふるまいで他人に迷惑をかけている」「私は、仏性が具現化された存在だ。でも、私はまだ、すべての瞬間を完全に悟った者として、安らぎや愛、自由の中で生きてはいない」。鈴木俊隆禅師が言うように、「私たちは常に、完璧にバランスのとれた世界の中で、バランスを失っている」のです。この言葉の中には、非難も判断もありません。あるのはただ、真実を見つめる、しっかりとした揺るぎない眼差しだけです。なぜなら、不完全さやバランスの欠如は避けられないことですが、それは真の自己とは何の関係もないことがわかっているからです。ここで再び、私たちは核心的なパラドックスに出会います。すべてはありのままで完全ですが――屋根が雨漏りするときは、修理しなければならないのです。

前にも述べたように、禅病にかかった人は、絶対的な視点にとらわれ、それを固定化してしまう傾向があります。その結果、エゴがまだ自分の行動を気づかぬうちにコントロールしていることを認めようとせず、無神経で未熟なふるまいをしてしまうのです――つまり、まだ体現化していないのです。私の友人で師でもあるアジャシャンティは何年にもわたり、どんどん深まっていく目覚めを何度も体験しましたが、そのたびに（最後のときをのぞいて）、こんな声が聞こえたそうです。「これではない。進み続けるのだ」。このような、真実への容赦ないコミットが、目覚めの体現化のプロセスを促進させるのです。

## エモーショナルボディ（感情体）を自由にする

真の目覚めは、あなたのこぢんまりとした快適な世界を打ち砕きます。今までずっとつちかってきた、個人的な信念やアイデンティティを壊し、あなたの本質が広大な存在であることを明らかにします。しばしば、古い物語が戻ってきて、コントロールを取り戻しますが、それも次第に消えていきます。自分をよく見つめ、自分で自分に問いかけ、光を投げかければ、古い物語は、かなり早く消えていくでしょう。一度（少なくとも一時的に）、思考を取り除いて心を空っぽにすると、思考が起きるたび、それに気づいて解放することが簡単になります。一度、自分の空性をダイレクトに認識すると、本当の自分ではない誰かのふりを続けることは難しくなるのです。

しかし、感情を自分と同一化する癖は、もっと根深く、闇に包まれており、目覚めた意識の光にも、容易に反応しません。あなたは自分の本質を知っており、固定化された信念や物語からも、比較的、解放されています――少なくとも、そういうものが湧き起こってくるたび、執着することなく気づくことができます――しかし、まだ、いろんな状況に対して、とても強く感情的に反応してしまうので、スピリチュアルな気づきに矛盾する結果となります。つまり、目覚めの光が上部のチャクラを照らし出したけれど、感情のセンターにはまだ届いていないのです。そこには、エゴの作った近づきがたい要塞があります。強力な目覚めを体験した私の知人のほとんどが、いつでもというわけではないけれど、いまだにときどき、感情にとらわれてしまうことがあると言います。そして、複数ある感情のセンターのうちひとつかそれ以上に、ずっと縮こまっている場所があることに気づいています。それは、まだ目覚めていない感情エネルギーが固着しているというサインです。そういう詰まった箇所は、いつなんどき燃え上がり、自動的反応パターンや苦しみとなるかわかりません。

東洋のスピリチュアルな伝統の多くが、感情的な次元をまったく無視し、迂回路を通って超越することを奨励しました。日本の有名な道元禅師は、坐禅とは「悪魔の頭の上で踊ること」だと言いました。つまり、瞑想して集中することで、純粋な目覚めた意識のバリアのようなものを作り出し、いわゆるネガティブな感情や「汚れ」を寄せつけないということです。私が1970年代に禅を学んだときは、サマディ（三昧）を深め、集中力を育てることで、困難な感情の問題に対処するよう言われました。（最近は、禅も西洋の心理学の影響を受け、感情の問題にもっと意識的になりました）。インドのアドヴァイタ・ヴェーダンタの探求者たちは、感情にはもともと実体がなく、感情が属しているかのように見える「分離した自己」も存在しないと理解することで、ネガティブな感情を解放します。

こうした戦略は、困難な状況の中で、目覚めた意識を保つのに役立つかもしれません。でも、とても難しくてしつこい感情的パターンを変容させることはなかなかできず、むしろ、そういう感情を奥のほうに押しやってしまいます。そうなると、もう表面からは見えませんが、まだ強力な影響力を及ぼします。たとえば、明晰な悟りで名高い禅の教師がアメリカにいましたが、何人もの弟子と秘密の関係を持ち、それが明らかになったときも、自分の行いがまちがっていたことを認めず、謝罪もしませんでした。他にも、いるだけで部屋が明るくなるような、深いサマディに達した人がいましたが、銃を持ってよそ者を追いかけ回し、近所で大騒ぎになったことがありました。伝統的な文化では、師がこのような行いをしても、大目に見てもらえたかもしれません。しかし、現代の西欧社会では、誠実さと、自分のしたことに責任を持つことが重要視されます。コミュニティーや個人的な人間関係を台無しにしたり、自分自身を苦しめることにならないよう、感情面でも、目覚めを体現することが必要なのです。

おそらく、こうした戦略の一番の問題点は、それが実際、「戦略」であることです。感情を、人間性の自然な表れとして――自分の本質の完全な表れとして受け入れるのではなく、努力して感情を避けたり、取りのぞこうとすることが問題なのです。この手の戦略的アプローチは、感情への嫌悪感や敵対意識を反映していますが、これは東洋の宗教だけでなく、世界中の伝統的な宗教に当てはまることです。こういう伝統的な教えは、もしスピリチュアルな人になりたいなら、いわゆるポジティブな性質や心の状態を養い、ネガティブなものを排除しなさい、と言います。しかし、これはそもそも二元論的なアプローチなので、心の中に、癒しがたい分裂と葛藤をもたらしてしまいます。ある経験は好ましいけれど、ある経験は好ましくない、というふうに考える限り、あなたは自分自身と交戦状態にあります——戦いはエゴの大好きなものです。どんなにわずかでも、自分の一部をとりのぞこうとする行為は、エゴに力を与えてしまいます。

非二元的な視点から言うと、厄介な感情や核となる反応パターンを扱うときの秘訣は、それらを心から愛し、受け入れることです——ニサルガダッタ・マハラジは、これを「愛情深い意識」と呼びました——感情がもたらすドラマに巻きこまれることなく、かといって、ちょっとでも（もしくは徹底的に）、それらを追い払ったりしないことです。あなたの本質である意識は、感情が起きてくるたび選り好みしたり抵抗したりすることなく、ごく自然に喜びをもって迎え入れます。真の自己の広大さと完全さの中では、どんな経験も、取り残されることなく、受け入れられるのです。

何かテクニックがあるとすれば、それは、目覚めた意識の状態にとどまり、自分の感情を親友のように受け入れることです。感情が自らを表現できるよう、たくさんスペースを与えてあげてください。しかし、感情に抵抗したり、感情が「架空の私」について何か表しているると考えたりして、感情にエネルギーを与えてはいけません。悲しい感情は、「**私の**悲しみ」ではなく、「**ただの**悲しみ」です。怒りは、「**私の**怒り」ではなく、「**ただの**怒り」です。やがて、

「悲しみ」「怒り」といった最小限のラベルもはがれ落ちていきます。その後には、今この瞬間の、ありのままの感覚的経験だけが残り、あなたはすべての物語から自由になります。感情は解放されて消えるかもしれないし（たいていは、そうなります）、まだ居残るかもしれません――でも、どうなろうと、あなたは気にしません。あらゆるものが生じるバックグラウンドとして、心乱されることなく、すべての経験を受け入れ、沈黙の空なる神秘として安らいでいれば、ごく自然に感情と親しくなれます。努力しなくても、愛と慈悲の表れとして、ごく自然にそうなるのです。

ペルシャの神秘家のルーミーは「ゲストハウス」という詩の中で、この親密さを、どんな経験も受け入れる心の広い宿屋の主人にぴったりだと、たとえています。「すべての客を歓迎し、もてなしなさい」。ルーミーは、憂鬱や敵意のような感情を、招かれざる客にたとえます。「暗い考え、恥、悪意を笑顔で出迎え、ドアの中に招き入れなさい」。こういう難しい感情を侵入者と見なすのではなく、感謝して迎えようと、ルーミーは言います。こういう感情こそ、私たちにもっとオープンになる機会を与えてくれるのです。招かれざる客を締め出し、自分の目覚めを、不落の要塞であるかのように守り通しなさいと教える伝統もあります。しかし、そうすればするほど、私たちは頑なで狭量になり、目覚めは指の間から滑り落ちてしまいます。その反対に、どんな感情が起きても、心から受け入れて抱擁すれば、すべてのものを例外なく含む広大で開放的な意識として、存在し続けることができます。

感情面の体現化のプロセスが、どのように展開していくか、ここでひとつ例を挙げましょう。たとえば、あなたは大事な恋人を失い、何週間も悲嘆にくれているとします。この感情は固定化されて繰り返し起こり、自然に消えていくことはありません。気持ちを誰かに話したり、紙に書き出しても、役に立ちません。意識的に感情に浸ったり避けたりせずに、あるがままに放っておいても、苦しみは変化しません。明らかに、あなたは感情を自分と同一化し、執着してしまっています。

こういう感情が属している「分離した小さな私」は存在せず、あなたの人生は、個人を超えた神秘的な方法で、完璧に展開していきます。このことを、知的な概念としてではなく、全身で本当に理解することができれば、感情は徐々に（もしくは突然）消えていき、解放されていきます。バイロン・ケイティがよく言うように、感情は去るためにやって来るのであり、とどまるためではありません。

もし、感情がしつこくつきまとうなら、感情を持続させている信念を調べてみましょう。たとえば、「あんないい人には、もう二度と会えないだろう」「私が悪いんだ」「私は世界中でひとりぼっちだ」というような信念や物語です。ひとつひとつの信念に対して、次のようにたずねてみます。「これは本当だろうか？」「これが本当だと信じたら、私はどう反応するだろう?」「この信念がなかったら、私はどういう人間になるだろう?」。このように集中的に問いかけると、しつこい信念や、それによって生じた感情も、力をゆるめていきます。また繰り返しますが、あなたは感情や信念を取りのぞこうとしているのではありません。感情に執着したために生じた苦しみから、自分を解放しているだけなのです。

## 闇に光を当てる

感情パターンや、繰り返し戻ってくるアイデンティティ、物語の中には、他のものよりもしっかりと定着しているものがあるようです。愛情深い意識で抱擁しても、自問自答してよく調べても、それらはなかなか変化しないし、力をゆるめません。表面からは見えない根のようなものだと言っていいでしょう。怒りや恐れなど、過ぎ去っていく感情が、若芽や枝のように、その根から伸び続けるのです。

ヒンズー教や仏教では、こういうしつこい根のようなパターン(サンスクリット語ではサンスカーラと呼ばれ、印象という意味を持ちます)は、さまざまな経験(今世のものも前世のものも含めて)によって心に刻まれた印象からできているとされます。そして、それが未来の経験や行い、心の状況にも影響を与えていきます。西洋の心理学は、この根となるパターンを対象関係やコンプレックスと呼びますが、その発達過程に大変、注目してきました。それは、歪んだものの見方を強化するような経験が繰り返し起こることによって、生涯を通じて発達していきます。長期的な深層心理セラピーにおける中心的課題と考えられていることからもわかるように、それは大変、強固なものです。なぜなら、新しい経験をするたびに、根となるパターンの正当性が証明されるからです。このパターンは、特定の人生の問題に固執するという形で現れることがあります。特に、生き残りにかかわる問題に執着しがちです。また、副人格や、切り離された心の一部分として現れることもあります。それは、分離した自己のように、自律した存在です。

チベットの有名な聖者ミラレパがヒマラヤの山高くの洞窟で瞑想しようとして、座布団を敷いていると、その洞窟には、騒々しい、いたずら者の悪魔がたくさんいることに気がつきました。ミラレパは最初、悪魔たちを鎮めようとしましたが、悪魔たちはますます騒ぎ立てました（道元とは違って、ミラレパには、悪魔の頭の上で踊るという選択肢はなかったようです）。自分のやり方は暴力的な上に無益であることを悟ると、ミラレパは、悪魔たちに愛と慈悲の念を送ることにしました――この時点で、悪魔の数は半分に減りました。ミラレパは、さらに抵抗を手放し、残った悪魔たちをもてなすことに徹しました。悪魔たちを追い払おうとするのではなく、いつまでも、好きなだけいるようにと招待したのです。そして、特別、意地悪で獰猛な悪魔が一匹だけ、残りました。ミラレパはついに、状況をコントロールしようとすることを完全に諦めました。この上ない愛と慈悲の情を持って、ミラレパは、自分の頭を捧げものとして、悪魔の口の中に入れました。悪魔は消え、二度と現れませんでした。

ミラレパと同じように、最初のうちはほとんどの人が、困難な感情パターンを何とかしようと悪戦苦闘します。さまざまな自己啓発的テクニックを使って、それを変えたり、消そうとするのです。その次は、瞑想の修行をして、心の平安や洞察、慈悲を養い、感情パターンを追い払おうと熱心に努力するでしょう。そして、一度、目覚めた後は、自己の本質である広々とした無制限の意識で、こうした感情パターンを迎え入れ、それらが目覚めの光の中に消えていくことを願います。こういう作戦によって、多くのパターンが消えていきます。しかし、非常に強力なパターンの力をゆるめるには、完全な手放しと受容が必要なのです。

## 抑圧と分離

目覚めた後、何カ月も、もしくは何年も、多くの人が、心を乱す困難な感情を大量に経験します。その中には、今まで、そんな感情が自分の中にあると思わなかったものもあります。今までにない激しさで、激怒や恐れを感じたり、もう忘れたと思っていた別れの思い出がよみがえり、悲しみに圧倒されたりするかもしれません。自己の分離感、つまり確固たる自己イメージがなくなると、不愉快で受け入れがたい感情や性質を隠していたフタもとりのぞかれるようです。西洋の心理学では、このフタを「抑圧のバリア」と呼びます。体現化のプロセスの初期段階ではしばしば、ずっと抑圧されてきたものと対面し、最終的にはそれを抱擁して受け入れることになります。この段階は、私たちをひるませ、不安にさせることがあります。私の生徒も、目覚めた後、気分がよくなったというより、むしろ悪くなったと、よくこぼします。

この章の前半で述べた体現化のプロセスを通じて、ほとんどの感情が、最後には受け入れられ、抱擁されます。どんな感情が湧き起こってきても、抵抗したりせず、常にゆったりとした気持ちで向かい合い、ありのままを受け入れることができるようになるのです。しかし、もっと深く根づいた、核となるパターンが残ってしまうことがよくあります。というのも、この「核となるパターン」は、「抑圧された感情」とは違って、顕在意識の下に隠れているわけではないからです。それは、切り離された、別の領域に存在します。自分の空性にまだ気づいていない「小さな自己」のようなものです。私の友人で、大変、明晰で目覚めた意識の人がいますが、彼女は自分が無限の広大な存在であることを悟り、常に喜びに浸っているように見えました――しかし、突然、古い怖れが戻ってきて、不意打ちをくらいました。やがて、彼女は、子供の頃、父親から性的虐待を受けていたことを思い出し始めました。自分の中の切り離された一部分が、いまだにひとりぼっちで怖がっているのも感じました。

西洋心理学の視点から言うと、こういう切り離された部分というのは、自分の中のある部分を無意識下に押しこめて抑圧するのとは違います。それは、自分をいくつかの部分に分割し、分離することで生じます。人生の中で、とてもつらいことが起きて、これは命にかかわる状況だと感じたとき、自分の中の一部分が、自分を壁で囲んで、その状況から自分を守ろうとします。この戦略は、虐待など、トラウマ的な子供時代を乗り切るのに役立つかもしれません。しかし、のちのち、この分離を自覚して癒すのは大変難しいということに気づくでしょう。

こういう分離した部分は、セルフイメージが粉砕された後も、すぐに意識に上ってきたりはしません。表面からは見えないところに隠れてしまうので、こちらから積極的に呼びかけて、近づいていかなければならないのです。そうしないと、この分離した部分は、「感情のハイジャック」を続け、強力な感情を生み出します――それらの感情は、まるで、どこからともなく湧いてきたように見えますが、予期せぬ自動的反応や収縮感を引き起こします。この分離した部分は、慢性的な痛みや消化不良、自己免疫疾患など、不可解な身体的問題を主に引き起こすこともあります。こういう無自覚な部分がある人も、ほとんどの時間、広々として自由な目覚めを感じることができるでしょう。しかし、光の当たらない、分離して固着した部分がまだあり、表現されない感情が、そこで沸き立っているのです。仏教徒で心理学者のエドワード・ポドヴォルは、この分離した部分を「狂気の島」と呼んでいます。「真の自己」という大海を航行しながら、私たちはときどき、その島に座礁してしまうのです。

脳科学の見地から言うと、こういう深く根づいた部分や、切り離された部分は、「古い脳」、特に偏桃体に組みこまれています。それは、感情的なできごとに関する記憶を処理し、保存しておく場所です。この古い脳は、しばしば新しい脳、つまり大脳新皮質が長年の経験と思索により培ってきた情報や叡智も迂回し、本能的、感情的に反応してしまいます。大脳新皮質は高次の意識の座、古い脳は感情のセンターであると言えますが、大脳新皮質の時を超えたスピリチュアルな次元で生きつつも、古い脳にある未来への恐れや、未解決の過去のトラウマへの怒りを感じることがあるわけです。

心理学的に説明しようが、神経学的に説明しようが、言いたいことはただひとつです。つまり、強力な目覚めを体験しても、内部に深い分離が残っていることがあるということです。それは心理的なレベルで、分離と対立を存続させます。そして、あなたが目覚めた非二元的なリアリティにそぐわないような行動をとらせます。すべての分離した部分が完全に癒され、内と外、自分と他者、それから自分の中の分離がなくなるまで、あなたの目覚めが完全に体現化されることはないのです。

## 呼吸と内省のエクササイズ

あなたの人生で、「感情のハイジャック」がどんなふうに起きるか、ちょっと時間をとって考えてみましょう。あなたの行動は、スピリチュアルな気づきのレベルと食い違っていませんか？　どんな状況に、特に心をかき乱されますか？　あなたの悪魔――思いがけないときに突然、噴き出してくる悲嘆や、身が縮むような感じに、どのように対処していますか？

## 分離を癒す

私のアドヴァイタの師、ジャン・クラインは医師の資格も持っていましたが、癒しをもたらすには「健康な部分を不健康な部分に広げること」と、よく言っていました――つまり、癒しが必要な、まだ目覚めていない部分を、あなたの本質である、広々とした愛で満たすということです。リトリートの際、ジャンはよく、体の中の健康で軽やかに感じられる部分に意識を向けるようにと言いました。そして、その健康な部分が、緊張して重く感じられる部分に広がっていくのを想像するのです。分離した部分に体現化をもたらすには、こうした意図的なテクニックが必要となることが、しばしばあります。アジャシャンティの言葉を借りると、「ギャップを閉じる」必要があるということです。

ギャップを閉じる方法のひとつは、分離した部分に感情や悩みを充分に表現させることです。あなたは共感を持って、その声を聞くと同時に、分離した部分が感じていることを、自分でも内側から感じます（このアプローチをとる心理学のテクニックには、ボイスダイアローグ、インナーチャイルドワーク、エゴステイトセラピーなどがあります）。ここで再び、愛情深い意識を持ち、分離した部分にとってのリアリティの中に進んで入っていくことが、癒しの鍵となります――つまり、悪魔の口の中に頭を入れるということです。もうひとつの方法は、広々とした目覚めの状態にとどまりながら、まだ癒されていない収縮した部分の苦しみを吸いこみ、存在の安らぎや愛を吐き出していると想像することです（これは、チベットの修行法トンレンをアレンジしたものですが、この章の終わりで、もっと詳しくやり方を説明します）。他にも、ソマティック・エクスペリエンスというセラピーがあります。これは、「トラウマの渦」（分離した部分、もしくは固定したエネルギーの核）と、「癒しの渦」（自分の中のポジティブな癒しのリソース）の間を行ったり来たりしながら、次第に「トラウマの渦」を癒していくテクニックです。それから、ＥＭＤＲ（眼球運動による脱感作および再処理法）と呼ばれる方法もあります。これは、左右二方向の刺激を使って、未解決のトラウマと、それによってもたらされた分離を完全に処理します。

しかし、実際問題、こういうヒーリング・テクニックには、専門家の助けが必要です。一般的に言って、困難な内部の分離は、不健全でトラウマ的な人間関係が原因なので、別の人間関係――虐待的で有害な関係ではなく、愛情に満ちた人間関係――によって修復され、癒されることが多いのです。非二元的なスピリチュアルの伝統では、個人的な修行と悟りばかりを重視し、癒しに満ちた人間関係の大切さを忘れがちです。しかし、最近は、伝統的な教えも、西洋心理学の人間関係モデルをますます評価するようになっています。

どんな方法で分離を癒すにしても、困難なリアクションパターンや核となる物語は、本当のあなたとは何の関係もないということを覚えておいてください。あなたの本質は、純粋で、何の条件付けもされていない目覚めた意識です。それは、何に乱されることも、破壊されることもありません。どんな経験も、それを汚したり、傷つけることはできません。あなたがどんなに苦しんでも、それは常に真の自己であり続けます。

なんとしても、厄介なサンスカーラ(根となるパターン)と向き合い、抱き入れてください。サンスカーラが人生に与えた影響の責任をとりましょう。しかし、サンスカーラを本当の自分と取り違えたり、自分を批判してはいけません。目覚めているのに、まだそういうパターンを持っているからといって、自分はまだ不十分だと思わないことです。自己批判は、エゴがパワーをとり返すためにとる、ちょっとした策略のひとつです。サンスカーラがどこから来たのか、誰にわかるでしょう？　遺伝でしょうか？　過去生？　占星術的影響？　家系？　それに、何度、目覚めても、どんなに一生懸命、体現しようとしても、サンスカーラが完全になくなるかどうか、誰にもわかりません。サンスカーラがどこから生じたにせよ、そして、どんなふうに展開していくにせよ、それはあなた個人とは関係ありません（個人的なものが存在しうるかのような言い方ですが）。それは、今回の人生でたまたま手渡されたカルマの小包に過ぎず、非個人的なものです。今回の人生で、あなたはそれを運び、最終的には開封するよう頼まれただけです。

　結局のところ、体現化のプロセスとは、終わりなきものであると同時に、瞬間的に成し遂げられるものでもあります。絶対的な視点から見れば、すべての瞬間と状況が完璧な体現であり、神の現れであるのです。欠けているものは何もないし、すべてがあるべき姿をとっています。なぜなら、この時を超えた瞬間が、すべてだからです。しかし、それと同時に、すべてのものや状況が自分自身の現れであることを実際に体験し、それに調和した行動をとるようになるまでは、体現化のプロセスにとり組んでいる最中だと言えます。ここで、あなたは再び、門なき門のパラドックスに出会いますが、以前より深いレベルで出会うことになります。あなたはもともと、目覚めを体現した存在です。しかし、あなたの行動のすべてが、神性の完全さを反映するまで、完全に体現化を実現したとは言えません。聖なる象徴である十字架が示すように、時を超えた垂直の次元（純粋な存在、内なる完全さ）と水平の次元（終わりなき進化と成長）は、「永遠の今」、ここで出会うのです。

## 〈Q&A〉

**何度も仏法《ダルマ》を伝授されたのに、道を誤ってしまった老師のお話を聞いて、伝統的な系譜の正当性に疑問を感じてしまいました。そういう系譜を保つため、グルとか老師のような階級制度を維持することに、なにか意義があるのでしょうか？**

私は、「スピリチュアルな友人」（仏教用語ではカリャーナ・ミートラ）という考え方のほうが好きです。あなたの旅路を導いてくれるけれど、階級制度には属さず、あなたより偉いふりをしたりしない友達です。個人的に、私は自分の先生たちに深く感謝しています。特に、伝統的な枠組みを超えて、オリジナルで型破りな方法で教えてくれた先生たちに感謝しています。こういう先生たちの、限界に縛られない自由さが、私の目覚めを促してくれました。しかし、それだけではなく、彼らはとても近づきやすくて、気取らず、開放的でした――これが、真に目覚めた人の特徴です。

◇◇◇

**より深く体現化していくには、心理セラピーが役に立つことがあると、あなたはお考えのようで**

すね。どんなセラピストを選ぶといいでしょう？

本当の自分に目覚めると、伝統的な心理セラピーに対して疑問を感じるかもしれませんが、それは当然のことです。伝統的なセラピーは、分離した自己という幻想のドラマを強化しがちです。しかし、古い自動的反応パターンに感情を「ハイジャック」されているなら、ある種のセラピーが分離を癒すのに役立つかもしれません。短期間のトラウマ・セラピーを探しているなら、ソマティック・エクスペリエンスかEMDRがいいと思います。経験と技術があり、親身になってくれるセラピストをあなたの地元で探すといいでしょう。目覚めの後に明らかになった「核となる物語」や「詰まった箇所」に、長期的にとり組みたいなら、最近、発展しつつある非二元的心理セラピーをお勧めします。この分野のセラピストたちは、非二元の教えを学んで、自分自身、目覚めをある程度、体験した上で、その気づきをセラピーにとり入れています。クライアントを、修理が必要な傷ついた人と見なすのではなく、人格を超えた生来の完全さを見抜き、クライアントが真実を生きるのをサポートします。それと同時に、クライアントが、苦しみを生む物語や信念、感情パターンを調べるのを手伝います。心理療法における非二元論の影響はますます強まっていますが、もっと詳しく知りたければ、専門家によるアンソロジー

"*The Sacred Mirror*"(ナチュラルスピリットより刊行予定)を読むことをお勧めします。(この本の最後の参考文献の中にも含まれています)(私も非二元的セラピーや、電話によるスピリチュアルカウンセリングを行っていますが、詳しい情報は私のウェブサイト、stephanbodian.org をご覧ください)

目覚めへの呼びかけ

## ウェイク・アップ・コール

### 悪魔を抱きしめる

この探求のために、十分から十五分ほど時間をとりましょう。まずは目を閉じて、二、三分静かに座ります。座るという経験に、意識を置き、体を自然にリラックスさせます。そして、あなたの本質である無限の平和、広大さ、愛につながります。これが難しく感じられるなら、ハートの中の、無条件の愛が感じられる場所とつながります。この広々とした平和と愛の感覚が、すべての方向に、無限に広がっていくのを感じてください。

次に、苦しみ悩んでいる「小さな自分」が目の前にいると想像してください。もしくは、自分の中の、特に厄介で葛藤している部分に意識を向けてもいいでしょう。それは、恐れや怒り、悲しみなど、制限をもたらす感情を次々に生み出し、あなたの注意を引こうとします。そんな「小さな自分」を思い浮かべ、それに共感します。

小さな自分の苦しみを、自分が呼吸と共に吸いこんでいると想像してください。そして、平和、愛、喜び、許しを吐き出します。この愛と喜びが、小さな自分を満たし、苦痛を癒すのにまかせます。苦しみを吸いこみ、愛と喜びを吐き出し続け、小さな自分の苦しみを真の自己の広大さの中に戻してやります。そして、見せかけのギャップ、分離は消え去り、平和と愛と喜びがすべてを満たすのです。

このエクササイズは、二元的で、作為的な感じがするかもしれませんが、まだ目覚めていない不調和な部分を癒すのに、大変、役立ちます。あなたは、自分自身の真実を体現し、意識と無意識、目覚めと眠りの間の内なる分離を癒すことができます。すべての部分を抱擁し、受け入れるまで、体現化は完成しません。

# 第10章

# 目覚めた人生

あなたがすべきことは、自分の源を見つけ、
そこで自分の司令官となることだけだ。

――ニサルガダッタ・マハラジ

すべての人やものは例外なく、神性の表現であり、具現化された意識であり、スピリットの化身なのです。その理解にもとづいて行動するとき、あなたは目覚めた人生を生きています。どこを向いても、目に入るのは、あなた自身の「真の自己」のみです。あなたは、無限に開かれた空間であり、そこからすべてのものが生じます。それと同時に、そこに生じるすべてのもの、すべての部分が、あなたなのです。分離の感覚は、完全に消え去ります。そこにあるのは、この、たったひとつの生きたリアリティだけです。

この、「分離がない」という体験は、よく「ワンネス」と呼ばれます。しかし、ワンネスを経験したからと言って、個人としての日常的な感覚がなくなってしまうわけではありません。また、多くの人が誤って信じこんでいるように、何の区別も個性もない、ひとつのかたまりとして、一緒くたにされてしまうわけでもありません。その反対に、すべての人やもののユニークさがはっきりと光り輝いて見えます。しかし、それと同時に、このユニークさや多様性は、真の自己の創造的な遊びに過ぎないのだということもわかります。つまり、すべてのものは、その本質であり、源である真の自己によって創造され、表現されたものに過ぎないということです。

体や思考、感情など、今まで自分の所属物だと思ってきたものも含めて、すべてのものが、神性の表現だと見なすとき、あなたは抵抗することなく、人生の流れに沿って行動しています。本当は、「あなたが行動している」という言い方をするのも、余計なことです。何かをしたり、決めたりする「分離した自分」などいないのですから。ただ、人生そのものが、あなたを通して流れているだけなのです。それは、岩を通して、鳥を通して、川を通して、木を通して、あなたを通して、流れているのです。

具体的に言うと、あなたはもう、ありのままの人生を変えようとして、文句をつけたり、かけひきしたりしなくなります。ありのまま以外のあり方などありえないと、知っているからです。「私の願いではなく、御心のとおりにしてください」が、目覚めた人生のマントラです。実際、今や、あなたの意志は、神の意志と違うところがありません。あなたは、ありのままのあり方に、完全に降伏したからです。しかし、「降伏する」という言葉はもう意味を成しません――降伏する者とされる者という分離など、もうないのですから。

言うまでもないことですが、目覚めた人生の特徴は、安らぎ、平和、喜び、平静、そして、なによりも愛に満ちていることです。すべてのものが、自分自身の真の自己、輝ける意識、内なる仏性の現れなのですから、あなたは、あなたが出会うすべての人やものと恋に落ち、完全につながり合います。かつては、自己イメージで埋めつくされていた無限の空性の中で、たとえようもなく美しく豊かなリアリティが花開きます。そして、あなたは、リアリティが今、この瞬間、表現するものを、尽きることのない喜びと感動を持って受け入れます。別の言い方をすると、意識はこの特定の肉体と心を通して、すべての形あるものを——自分自身を楽しんでいるのです。あなたが出会うすべての人は、別の姿をしたあなたに過ぎないということがわかると、人間関係はとても親密で直接的なものになります。架空の分離した自己に、コントロールする力などないということがわかると、希望も恐れも消えていきます。すべては、神の優しい抱擁の中にあるのです。

本当の自分を知ったからと言って、心が願う通りに人生が進むわけではありません。目覚めはニューエイジとは違うし、ヴォルテールの「カンディード」に出てくる「最善なる可能世界（訳注：すべての可能な世界の中で最善の世界）」とも違います。人生は、あるがままに流れていくだけです。その流れは神秘的で、時に激しく、時に不可解ですが、不思議とバランスがとれていて、意味深いので、あなたはまさにこれこそ自分が望んでいるものだと気づきます。成功と失敗、健康と病気など、人生の浮き沈みは続きます——川の流れに終わりはなく、常に変化し、動き続けますが、不動の原動力であるすべてのものの源は、何が起ころうと、決して流れに乱されることがありません。

それと同時に、あなたは普通の日常生活も続けます。好みや癖なども、前と変わらないでしょう。ただ、違うのは、あなたはもう、人格を自分と同一視しないということです。人格とは、真の自己がこの物質的世界で自分を表現する際に使う役割、便利な乗り物に過ぎないということに、あなたは気づいたのです（人格を意味する「パーソナリティ」という言葉の語源は「音を出す」、もしくはギリシャ悲劇の合唱隊が身につけるマスクから来ています）。リアリティはもともと空《くう》であることを知ったので、あなたはもう、「個人的な（パーソナルな）」人生を深刻に受け取ったりしません。あなたは人生に関心があるけれど、人生へのこだわりはありません。あなたは世界の中にいるけれど、世界に所属してはいません。そして、すべての状況を、軽やかな驚きと共に迎え入れます。なぜなら、すべては、神の神秘的な遊びに過ぎないと知っているからです。

本当の自分の真実を、より深く完全に体現していくにつれて、あなたは一瞬一瞬、常に目覚めた人生を送ることができるようになります。この意味で、完全な体現とは、目覚めの経験を安定化させることであると言えます。目覚めが安定化すると、どこを見ても、常に、神や仏性しか見えず、すべての行動がこの非二元的なものの見方を反映するようになります。このように、自己も他者もいないということを、いつでも完全に経験することを、ある賢者は「解放」と呼んで、単なる「目覚め」と区別しています。一部の悟ったと称する教師たちは、他人を自分勝手に悪用したり、無神経に扱ったりしますが、ひとたび解放されれば、他人を、真の自己として見るようになるので、そんなことはもうできません。

しかし、目覚めたからと言って、いつでも目覚めた人生を送ることができるわけではありません。ほとんどの人は、ときどき一時的に目覚めた人生を送ります。たとえば、一度に何時間、何日間、もしかしたら何週間か、目覚めた人生を送りますが、また再び、分離した自己の幻想にとらわれてしまいます。この後戻りはとても微妙なので、真実の変容の炎に深くコミットメントしていないと、気づかずに見過ごしてしまいますが、多大な影響を及ぼします。特に、再び、自分は「分離した自己」であると考えるようになると、あなたは自己中心的な視点で世界を見るようになります。そして、かつて、あなたの人生を動かしていた古い反応パターンや核となる物語に、再びはまりこみ、トランス状態に陥ってしまいます。目覚めた人生があなたを通して流れ続けるには、体現化のプロセス（第8章、9章で詳述）に心から身をまかせること、そして、あらゆる状況で、あなた自身の真実を実現することです。

## 呼吸と内省のエクササイズ

目を閉じて、自分が目覚めた人生を送っていると想像してみてください。あなたが出会うすべての人やものを、真の自己であると見なして生活すると、どんな感じがするでしょうか？人生の流れに抵抗せず、それと一体になっているとき、あなたはどんな行動をとるでしょう？二～三分ほど、イメージを自然に広げてゆきます。目を開けたとき、あなたの人生とのかかわり方は、どのように変化しているでしょう?

## 目覚めた人生は外側からどう見えるか?

目覚めた人生という言葉から浮かんでくるのは、修道僧や放浪のヨギ、献身的な弟子に真実を授ける師などのイメージです。しかし、通りで出会うごく普通の人たちが、目覚めの喜びと平和を体現していることだってありえるのです——ごみ収集人、掃除夫、銀行の窓口係、ヒーラーなど、あなたや私のような人たちが目覚めた人生を送っているかもしれないのです。真の自己の光を発見し、体現している人たちがすべて、教師になったり、隠遁の生活を送るわけではありません。自然に目覚めて、その後も以前と同じ人生を続ける人たちもいます——仕事をして、家族の世話をし、テレビを見て、映画館に行く——ただ、前と大きく違うのは、もう人生と戦わないということです。そして、自分を他者から切り離された存在として経験することは、もうありません。

一般的に言って、目覚めた人生を送る人たちは、大げさな慈悲深さや、自意識過剰な叡智の言葉で、他人の注目を集めたりしません。彼らはあまりにも普通で、地に足がついており、出しゃばらず、自我がないので、目立たないことが多いのです。真実を教えるときも、教師としての役割や地位にこだわりません。禅の修行をしていた若い頃、私は、チベットの偉大なヨギ、カル・リンポチェを一目見ようと、近くの仏教センターに行きました。そして、テーブルを囲んで昼食をとっている半ダースほどの僧侶たちを見つけましたが、彼らが食べたり、おしゃべりしたりしている様子からリンポチェを見分けることはできませんでした。誰かがリンポチェを指さして教えてくれるまで、どの僧がリンポチェかわからなかったのです。この有名なマスターに、いばったところや気取った様子がまったくないことに、私は深い感銘を受けました。この平凡さこそ、目覚めた人生の真の印だと思いました。

しかし、その平凡さの背後にあるものに目を凝らせば、目覚めを体現している人たちには、性格や立場の違いを超えて、ある共通点があることに気づくでしょう。たとえば、彼らは平和で落ち着いた存在感を発し、その瞳は、無限の広大さと慈悲に輝いています。そこには「見る者」はおらず、意識、もしくはスピリットが自分自身を見つめているだけなのです。彼らの行動は、人生の流れと滑らかに調和しており、内面の葛藤や分離もありません。彼らは静かな喜びに満ちており、親切でありながら押しつけがましいところがなく、共感に溢れています。しかし、一歩引いたところに立っているので、こだわりや不安がありません。こういう性質は、さまざまな形で、体や声、人格などに現れ出ます。たとえば、ある人はいきいきとしてエネルギッシュですが、ある人は静かで内向的です。

　悟った教師や賢者たちも、いろんな姿形や性格を持っています。インドの偉大な賢者ラマナ・マハルシは腰布だけを身につけ、ほとんどの時間、静かに座るか横になってくつろいでいました。弟子たちへの教えは主に、沈黙のまなざしか、短い答えによってなされました。そして、毎日、聖なる山を登って自分のアシュラムに通いました。彼の目は、真の自己の平和と愛を体現していました。一方、有名なアドヴァイタの教師ニサルガダッタ・マハラジは、昼間は小さなタバコ屋を営み、夜になると、ボンベイの自分の小さなアパートで、世界中から集まった探求者たちの質問に答え、話をしていました。しゃべるとき、彼の目は激しく燃え上がり、大きな手振りを交えながら、真実への情熱に、ときおり声が大きくなりました。

　私のアドヴァイタの先生のジャン・クラインは、教養豊かなヨーロッパの紳士で、シルクのシャツとスカーフを身につけ、おいしい食事や偉大な芸術、そしてクラシック音楽を楽しんでいました。彼の公開問答は、いつもたいてい、言葉と言葉の間の長い沈黙で区切られていました。柔らかいけれど、深く響く声で話し、その教えはわかりやすく適切で、力強いものでした。一方、私の友人で師でもあるアジャシャンティは、カリフォルニア生まれで、競技自転車とロッククライミングをよくしていましたが、今は、ポーカーと、田舎でバイクに乗ることを楽しんでいます。彼のサットサンはもっとカジュアルで現代的で、沈黙と同じくらい、笑いで中断されます。しかし、彼が説く真実は、先人たちが説いた真実と同じものです。

つまるところ、目覚めた人生について言える唯一のことは、その人の性格やタイプによって異なるということです。誰かの真似をすることはできないし、意志の力で「目覚めた人生」を作り出すこともできません。あなたにできるのは、ただ目覚めること、真実を生きること、そして、あなたを通して人生がどのように展開していくか観察することだけです。目覚めた人生とは、一番最初に目覚めたときに始まったプロセスを最終的に達成し、表現していくことです。この章の始めで述べたように、すべてのものが例外なく神性の表現であり、具現化された意識であり、スピリットの化身であるという理解にもとづいて行動するとき、あなたは目覚めた人生を送っているのです。

## ウェイク・アップ・コール《目覚めへの呼びかけ》

### すべてを手放す

十分ほど、この探求のために時間をとります。まずは二、三分、静かに座って、呼吸することを楽しみます。そして、この本を読んで何を感じたか、考えてみましょう。この本を読んで、目覚めに関して、どんな考えや信念を持つようになったかについても考えてください。あなたは、目覚めのプロセスがどのように展開していくか、前よりもはっきりと把握できたかもしれません。もしくは、アイディアや洞察をいくつか得ただけかもしれません。

次は、脳に集中したエネルギーをリラックスさせます。そして、すべての考えやアイディアが、水に溶ける氷のように、空性の中に溶けていくのを想像します。何かにしがみつかないでください。すべてを手放しましょう。あなたは、自分に必要なものはすべて持っています。だから、荷物を降ろして、人生という川の流れに身をまかせましょう。何も知らない無邪気な心で、すべてを眺め、無限の広大さと空性の中でくつろいでください。リアリティは、時を超えた今、この瞬間、この場所で始まり、そして終わるということを覚えておいてください。何も必要ないし、とり残されたものもありません。あなたはすでに、あなたが探し求めている者なのです。ただ、ありのままのあなたでいてください！

**【あなたが気に入るかもしれない本】**

・アジャシャンティ『禅　空を生きる』(2014 太陽出版)
・エックハルト・トール『さとりをひらくと人生はシンプルで楽になる』(2002、徳間書店)
・ラマナ・マハルシ『あるがままに―ラマナ・マハルシの教え』(2005、ナチュラルスピリット)

・Adams, Robert "Silence of the Heart" (1999) Acropolis books ジョージア州アトランタ
・Carse, David "Perfect Brilliant Stillness: Beyond the Individual Self" (2006) Paragate Publishing ヴァーモント州シェルバーン
・Harding, Douglas "On Having No Head: Zen and the Rediscovery of the Obvious" (2002) Inner Directions カリフォルニア州カールズバッド
・John Prendergast, Peter Fenner, Sheila Krystal (編著) "The Sacred Mirror: Nondual Wisdom and Psychotherapy" (2003) Paragon House ミネソタ州セントポール
・Katie, Byron "A Thousand Names for Joy: Living in Harmony with the Way Things Are" (2007) Harmony Books ニューヨーク市
・Khenpo, Nyoshul "Natural Great Perfection" (1995) Snow Lion ニューヨーク州イサカ
・Klein, Jean "Who Am I?" (2006) Non-Duality Press 英国ソールズベリー
・Maharaj, Nisargadatta "Ultimate Medicine; Dialogues with a Realized Master" (2006) North Atlantic Books カリフォルニア州バークレー

・Parsons, Tony "As It Is: The Open Secret to Living an Awakened Life" (2000) Inner Directions カリフォルニア州カールズバッド
・Segal, Suzanne "Collision with the Infinite" (2002) Motilal Banarsidass インド・デリー

# 索　引

**【著者プロフィール】**

## ステファン・ボディアン　Stephan Bodian

School for Awakening（『目覚めの学校』）の創始者及び校長として、30年以上にわたり、目覚めへの直接的アプローチを教えてきた。近年は、カウンセリング、教育、執筆活動を通じて、他者の真実の炎を燃え立たせることに専念している。1974年に、曹洞宗の僧侶として認可され、現代を代表する偉大なマスターたちのもとで修行を積んだ。一連の深まりゆく目覚めを体験した後、アジャシャンティから教師としての伝授を受ける。
「ヨガ・ジャーナル」の元編集長で、ベストセラーとなったガイドブック *"Meditation for Dummies"* の著者、*"Buddhism for Dummies"* の共著者でもある。スピリチュアルな教師であるだけでなく、心理セラピストでもあり、この分野の先駆者として、時を超えた東洋の叡智と、西洋心理学の知恵を融合させてきた。目覚めの学校の年間コースや、集中コース、リトリート、電話カウンセリングについて、もっと詳しい情報が欲しい方は、ステファンのウェブサイト（http://www.stephanbodian.org）をご覧ください。

**【訳者プロフィール】**

## 高橋たまみ

大学卒業後、さまざまな職業を経て、現在はフリーライター、翻訳家。
自然と共存した持続可能なライフスタイルを求めて、日本とアメリカを行き来している。

# 今、目覚める
## 覚醒のためのガイドブック

●

2015年1月27日　初版発行

著者／ステファン・ボディアン

訳者／高橋たまみ

本文DTP／ワークスティーツー

編集／磯貝いさお

発行者／今井博央希

発行所／株式会社ナチュラルスピリット

〒107-0062　東京都港区南青山5-1-10
南青山第一マンションズ602
TEL 03-6450-5938　FAX 03-6450-5978
E-mail: info@naturalspirit.co.jp
ホームページ http://www.naturalspirit.co.jp/

印刷所／モリモト印刷株式会社


ISBN978-4-86451-153-7 C0010

●新しい時代の意識をひらく、ナチュラルスピリットの本

**すでに目覚めている**
ネイサン・ギル 著
古閑博丈 訳
フレンドリーな対話を通じて「非二元」の本質が見えてくる。非二元、ネオアドヴァイタの筆頭格のひとりネイサン・ギルによる対話集。
定価 本体一九〇〇円＋税

**ただそのままでいるための超簡約指南**
ジェニファー・マシューズ 著
古閑博丈 訳
今この瞬間の経験しか存在していないということを哲学的、感覚的、そしてユーモアを交えてコンパクトに書かれた覚醒の書。
定価 本体一〇〇〇円＋税

**気づきの視点に立ってみたらどうなるんだろう？**
グレッグ・グッド 著
古閑博丈 訳
どんな感覚も思考も、それが認識されるためには気づきが必要と語る著者の、気づきを知るための本。
定価 本体一五〇〇円＋税

**プレゼンス 第一巻**
安らぎと幸福の技術
ルパート・スパイラ 著
溝口あゆか 監修
みずさわすい 訳
ダイレクトパスのティーチャーによる、深遠なる深究の書。今、最も重要な「プレゼンス」（今ここにあること）についての決定版。
定価 本体二一〇〇円＋税

**あなたの世界の終わり**
「目覚め」とその〝あと〟のプロセス
アジャシャンティ 著
髙木悠鼓 訳
25歳で「目覚め」の体験をし、32歳で悟った著者が、「目覚め」後のさまざまな、誤解、落とし穴、間違った思い込みについて説く！
定価 本体一九〇〇円＋税

**大いなる恩寵に包まれて**
アジャシャンティ 著
坪田明美 訳
アメリカで人気の覚者が、自分を解き放った時に訪れる、覚醒と恩寵について語る。
定価 本体二〇〇〇円＋税

**自由への道**
スピリチュアルな悟りへの実践ガイド
アジャシャンティ 著
坪田明美 訳
スピリチュアルな目覚め、エゴという夢の状態からエゴを超越して目覚めた状態へ移行することについて書かれた、スピリチュアルな悟りへの実践ガイドブック。
定価 本体一〇〇〇円＋税

お近くの書店、インターネット書店、および小社でお求めになれます。